COLECCIÓN
EL ÁRBOL DE LA VIDA

La diosa en el dormitorio

Deliciosos secretos eróticos para celebrar
la sexualidad y desterrar el aburrimiento

Zsuzsanna E. Budapest

ONIRO

Título original: *The Goddess at the Bedroom*
Publicado por acuerdo con Harper San Francisco,
una división de HarperCollins Publishers, Inc.

Traducción de Elena Barrutia

Diseño de cubierta: Víctor Viano

Ilustración de cubierta: Barbara Lambase

Distribución exclusiva:

Ediciones Paidós Ibérica, S.A.
Mariano Cubí 92 – 08021 Barcelona – España
Editorial Paidós, S.A.I.C.F.
Defensa 599 – 1065 Buenos Aires – Argentina
Editorial Paidós Mexicana, S.A.
Rubén Darío 118, col. Moderna – 03510 México D.F. – México

1.ª edición, 1999

© exclusivo de todas las ediciones en lengua española:
Ediciones Oniro, S.A.
Muntaner 261, 3.º 2.ª – 08021 Barcelona – España (e-mail:oniro@ncsa.es)

ISBN: 84-89920-52-4
Depósito legal: B-257-1999

Impreso en Hurope, S.L.
Lima, 3 bis – 08030 Barcelona

Impreso en España – *Printed in Spain*

Dedico este libro
a Nicole Brown Simpson, Lorena Bobbitt,
Marilyn Monroe y a todas las mujeres
que han sufrido, luchado y muerto en el dormitorio.

El sentido de la vida es horizontal.
MASIKA SZILAGYI (mi madre)

Cuando mi mujer está satisfecha,
el mundo entero está satisfecho.
Proverbio tántrico

Introducción

¿Dónde vas cuando estás cansada? ¿Dónde llevas a tu amante cuando te asalta la pasión? ¿Dónde tienes más posibilidades de concebir a tus hijos? ¿Dónde permaneces en silencio cuando estás deprimida? ¿Dónde descansas cuando estás enferma? ¿Dónde duermes para reponer fuerzas? ¡En tu dormitorio!

Pero en el dormitorio haces muchas más cosas. Para los grandes acontecimientos, como una primera cita o una boda, te pones tus mejores galas y adornas tu cuerpo. Te acicalas y te atreves a tener un aspecto ridículo experimentando con el peinado y el maquillaje. Te pruebas ropa nueva o te deshaces de prendas que has acumulado en el armario durante años. Allí duermes, te vistes, juegas y haces el amor. Allí te sientes bien entre tus tesoros más preciados e íntimos.

La mayoría de las mujeres hacemos el amor en el lugar que consideramos más seguro —donde los objetos y los olores nos resultan familiares— porque la intimidad del sexo es uno de los territorios más vulnerables. Nos feminizamos (término femenino pospatriarcal para designar la *masturbación*) en nuestro dormitorio porque allí no hay testigos que nos juzguen. Sólo nuestra inocente sexualidad. Y también es allí donde hacemos hechizos de amor para conseguir una pareja con la que podamos mantener una relación tranquila y apasionada.

Hoy en día el dormitorio no sólo se utiliza para las funciones tradicionales que hemos mencionado. Estudios recientes han demostrado que los americanos realizan cada vez más actividades en este espacio. Muchos instalan sus ordenadores, sus despachos y sus bibliotecas en el dormitorio; y otros ven allí la televisión. No comprendo cómo alguien puede poner un ordenador en el dormitorio; quizá nuestro instinto se ha adaptado de tal modo a la era informática que las máquinas se han convertido en una prolongación de la conciencia. En mi último libro, *The Goddess in the Office*, hablaba de la humanización del lugar de trabajo. Pero trasladar el despacho al dormitorio es llevar las cosas demasiado lejos.

Necesitas descansar en un lugar libre de radiación, de modo que procura mantener tu equipo electrónico fuera del dormitorio. Aunque esté apagado sigue emitiendo ondas de baja intensidad, que son perjudiciales para el sistema nervioso. Nuestras neuronas funcionan con impulsos de baja intensidad, pero las influencias externas pueden alterar este flujo. Y una vez que el equilibrio se rompe, nos resulta mucho más difícil soñar, curarnos y ser felices.

Para dormir bien debes colocar la cama con la cabecera orientada hacia el norte, el punto del magnetismo. De ese modo recibirás en la cabeza las corrientes telúricas y las trasladarás hacia el sur. Cuelga un espejo redondo en

10

la pared cerca de la cama. Este espejo es como un lago tranquilo, una luna llena. Sus vibraciones te envolverán y te ayudarán a relajarte y a regresar a la misma cama. Por otra parte, las sábanas limpias harán que te sientas mejor. Al preocuparte por ti misma te sentirás valorada, y aumentará tu autoestima.

Decora tu habitación con atrapasueños y objetos que te ayuden a pensar y a recordar. Los atrapasueños deben ser de materiales naturales: plumas, lana, hilo. Las coronas de trigo o maíz que se venden en ferias y celebraciones espirituales se pueden utilizar como atrapasueños. Estos amuletos de la buena suerte que se cuelgan en las puertas los días festivos son reminiscencias de antiguas culturas matriarcales anteriores al cristianismo.

Por último, coloca en una esquina de la habitación una piedra, una amatista o un cuarzo, que represente el poder de la tierra y te proteja de las vibraciones negativas.

¿Quién es la diosa de tu dormitorio? Es el espíritu de tu bienestar personal, la guardiana de los sueños y las visiones que te conducirán hacia un futuro mejor. Es el fantasma de tu pasado, quien custodia los recuerdos y los objetos sagrados: los pañuelos de una madre desaparecida, las fotografías de un padre o unos hijos que fueron a la guerra y quizá no regresaron. Evoca vivencias de otros tiempos, y habita contigo en tu casa.

La diosa de tu dormitorio es una entidad estrictamente privada. Te protege de tus temores, y está presente incluso ahora, antes de que la veas con claridad, porque vive ya en los altares improvisados que creas a diario con objetos cotidianos. Cuenta el dinero y calcula el cambio; guarda las llaves de puertas olvidadas. Sus imágenes son las fotos que no quieres que tus amigos vean; sus historias son los libros que lees o tienes intención de leer. Ella lee las cartas que aún no deseas tirar; y se adorna con las joyas que dejas por ahí.

El espíritu que vive en ese lugar es el vínculo más importante con tu lado animal, con tu Mujer Salvaje. Te exige que duermas, que te relajes. Te deja roncar, dar vueltas, rascarte y tocarte con toda libertad. Allí te permite explorar tu cuerpo como en ningún otro lugar. Merodea por las sombras de tu vida. Mantiene vivas tus plantas aunque te olvides de regarlas. Conserva los huecos de tu cama para que puedas volver a ella como un guerrero cansado al final de la jornada.

La diosa del dormitorio es la Mujer Salvaje en su cueva. Controla el lado derecho de tu cerebro: tu intuición, tus capacidades irracionales (incluidos tus sueños) y también tu imaginación mágica. Cuando acudas a ella en función de tus necesidades y las fases de la luna, responderá de un modo más activo; te dará fuerzas a cambio de tu energía. Esta Mujer Salvaje es esencial para tu bienestar, tu salud, tu autoestima, tu estabilidad y tu deseo sexual. Ella es tu hogar, en cuya intimidad pasarás más de un tercio de tu vida.

Tu dormitorio es el espacio natural de tu vida interior. En él puedes rezar o hacer invocaciones. Incluso el placer que se obtiene mirando el álbum de fotos familiar es un tipo de meditación. Algunas mujeres rezan a sus antepasados, y otras buscan otros medios para conectar con lo divino. Unas invocan a la Gran Madre y otras la denominan con distintos nombres. Es en el dormitorio, donde tanto el cuerpo como el espíritu pueden ser más libres, donde suelen construir sus altares; altares reales, que sólo pueden contemplar aquellos que tienen acceso a la intimidad del cuerpo y del alma.

Las mujeres que erigen un altar no son conscientes de ello. Un altar es un lugar sagrado donde se colocan los objetos más venerados: fotografías de antepasados, de seres queridos o de la persona amada. Algunas erigen un sencillo altar a la diosa sobre una mesa cubierta con un mantel blanco, o sobre un tocador o una estantería. En él se pueden colocar imágenes de la diosa o estatuillas que representen la fuerza de la vida. Pon en tu altar flores frescas para que sean testigos de tu existencia diaria. Cuando nazca un deseo en tu alma, puedes encender una vela para manifestar mejor dicho propósito y alcanzar tu objetivo. Pide a tu Mujer Salvaje que te ayude a satisfacer tus necesidades cuando esté relajada en tu dormitorio. Ponle velas para que pueda atender tus peticiones mientras duermes.

En la intimidad de nuestro dormitorio rezamos para pedir protección para nuestros seres queridos, prosperidad y fuerza para superar las dificultades. Nuestro dormitorio se convierte en un templo, donde no necesitamos a nadie que interceda por nosotras. Todo ello sucede en este santuario interior en el que es un honor especial ser admitido.

Nuestro auténtico hogar es una buena cama, en la que descansamos y nos acercamos más a nuestras raíces, pues la necesidad de dormir es común a todas las criaturas. No hay ningún lugar en el mundo más importante que el dormitorio. Todas las cosas importantes que nos suceden tienen algo que ver con esta habitación. El objetivo de este libro es convertir el dormitorio en la fuente de nuestro poder salvaje y en un lugar más fértil y placentero.

Lunes por la noche
Concentración

La energía de la noche del lunes

El lunes es el día en que nos centramos en nosotras mismas. No es un acto egoísta, sino una necesidad. Es el primer día de la semana, y necesitamos poner en orden nuestros pensamientos y concentrarnos en nuestros deseos íntimos. Sólo así podremos rendir durante el día y disfrutar por la noche.

¿Cómo te sientes? ¿Te encuentras con más energía después del fin de semana? ¿Estás deseando volver al trabajo? Es lunes, y sabes que te espera una larga semana por delante, repleta de ocupaciones y quehaceres. La noche del lunes es la noche ideal para comenzar a prestar atención a tus sentimientos, fantasías y deseos amorosos.

Al centrarnos en nosotras mismas mejoramos como amigas y como amantes. ¿Cómo es tu vida amorosa? ¿Eres lo bastante romántica? ¿Y apasionada? ¿Son buenas tus relaciones sexuales? El lunes es el día perfecto para reflexionar sobre amores pasados y presentes y para concentrarse en futuros planes. Sabes quién te hace feliz y por qué, y debes tener en cuenta esos sentimientos. Si eres desdichada, debe haber alguna razón. Sé sincera, porque la infelicidad no se puede ocultar. Centra tu energía en lo que quieres ahora para tu vida amorosa. Expresa tus sentimientos y no los ignores. Una vez que hayas afrontado estas verdades, pasa a la acción.

El lunes por la noche quédate en casa y cuida de ti misma. Toma un sugerente baño de espuma o echa una pequeña siesta. Lee el libro que tienes sin abrir en la mesilla. Haz frente a tu vida.

Significado de la noche del lunes

Este día de la semana toma su nombre del astro que gobierna la noche, la luna. Las mujeres siempre han tenido una estrecha relación con la luna, la de los ciclos. La luna regula nuestros cuerpos, nos guía y nos ayuda a conectar con nosotras mismas y con nuestros deseos. Cuando la luna nos lleva suavemente de un lado a otro estimula el lado salvaje de nuestra naturaleza. Somos criaturas lunares; menstruamos, concebimos y parimos de acuerdo con las fases de la luna. Y por ello debemos ser conscientes de su constante influencia en el dormitorio, porque este lugar contiene todos nuestros sueños y emociones, todos nuestros anhelos, sufrimientos y placeres.

Las brujas dicen que la luna está llena durante tres días seguidos: la luna llena *ninfa* brilla en la noche antes de alcanzar todo su esplendor; la luna llena *reina* es la luna llena propiamente dicha; y la luna llena *hechicera* ilumina la noche siguiente. Durante estas tres noches podemos honrar la belleza y el poder de la luna con un sencillo ritual, por ejemplo encendiendo una vela blanca o erigiendo un altar. Si ya tienes uno, ¿por qué no lo limpias o añades algo especial en honor a la luna? Presta atención a las fases de la luna y hónrala como corresponde. Si la luna llena cae en lunes, haz un esfuerzo especial para comunicarte con ella.

La diosa de la noche del lunes: Oshun

Quizá sin saberlo veneras ya a la bella Oshun (de la tradición yoruba). Es la diosa a la que complaces cada vez que te cepillas el pelo, te vistes o te maquillas. Oshun es el camino de la belleza, y también se la conoce como una de las diosas del amor. Para honrarla puedes untarte el cuerpo con aceites, cremas o lociones aromáticas.

Los altares de Oshun están ricamente decorados con frutas, arroz, velas amarillas e incienso aromatizado con resinas de árboles tropicales: ámbar y sándalo. Oshun te cogerá algunas de tus joyas favoritas sin pedirte permiso. Cuando te preguntes: «¿Dónde he puesto esos pendientes?», los habrá escondido Oshun. Te los devolverá cuando ya no esperes encontrarlos o cuando ya no los necesite.

Oshun es famosa por sus bailes. Baila con el viento, con los pájaros y con las estrellas fugaces que navegan por el cielo.

Ambiente de la noche del lunes

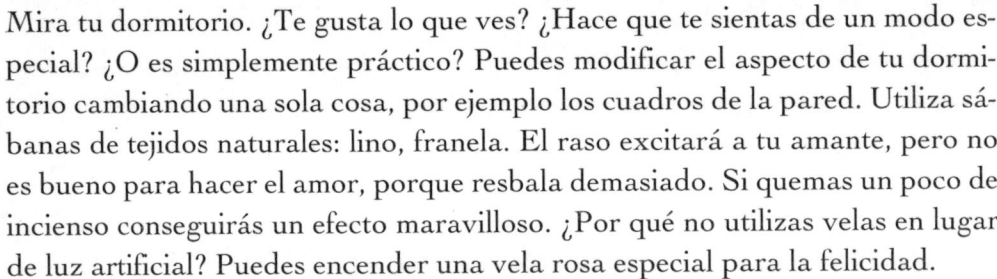

Mira tu dormitorio. ¿Te gusta lo que ves? ¿Hace que te sientas de un modo especial? ¿O es simplemente práctico? Puedes modificar el aspecto de tu dormitorio cambiando una sola cosa, por ejemplo los cuadros de la pared. Utiliza sábanas de tejidos naturales: lino, franela. El raso excitará a tu amante, pero no es bueno para hacer el amor, porque resbala demasiado. Si quemas un poco de incienso conseguirás un efecto maravilloso. ¿Por qué no utilizas velas en lugar de luz artificial? Puedes encender una vela rosa especial para la felicidad.

Cuando alteres algo en tu dormitorio fíjate en cómo influye el cambio en tu estado de ánimo. Si quemas incienso de ámbar o jazmín en una habitación iluminada con velas te sentirás más animada. El dulce aroma de estas sustancias aumentará tu confianza en ti misma.

La iluminación del dormitorio determina el estado de ánimo, y las velas son perfectas para crear un ambiente romántico. Prueba a encender una vela de color melocotón, porque el melocotón tiene un efecto estabilizador que ayuda a crear una atmósfera relajada. Inspira comodidad, seguridad y bienestar, y convencerá a tu amante de que eres digna de confianza y sólo tienes ojos para él.

Los sentidos son muy importantes, y su estimulación supondrá una gran diferencia en tu vida. No te interesa quedarte dormida todas las noches de aburrimiento o cansancio. Sé creativa; haz invocaciones antes de acostarte, medita o practica ejercicios de yoga. Utiliza tu imaginación.

Flores de Bach para la noche del lunes: rosa silvestre

La terapia de las flores de Bach, creada por el doctor Edward Bach, tiene un gran efecto en las emociones porque combina las esencias espirituales de las flores con las necesidades emocionales del individuo. No las utilices para trastornos físicos sino para tu equilibrio psicológico. Tómalas cuando estés preocupada, nerviosa, triste o deprimida. Las esencias florales de Bach, que se venden en tiendas naturistas, son muy fáciles de utilizar. Basta con echar un par de gotas del extracto que desees en un vaso de agua.

Si no puedes acceder a tu lado salvaje el lunes por la noche, si no estás excitada, si te da todo lo mismo, ponte unas cuantas gotas de rosa silvestre en la lengua para despertar tus sentidos. La rosa silvestre te ayudará a levantar el ánimo. Cuando se alcanza el equilibrio emocional mejoran los demás aspectos de la salud.

Si estás a punto de romper con tu amante, o te encuentras mal y necesitas recuperar fuerzas, la rosa silvestre te resultará también muy útil. Te proporcionará la energía necesaria para controlar tu vida y mejorar la situación.

Muchas veces las mujeres tardan años en recuperarse de los efectos de una relación negativa con una pareja dominante. En esos casos procura hablar con otras mujeres; no intentes superarlo tú sola. Pero el mejor modo de ayudarte a ti misma es ayudar a otras personas. Participa de forma voluntaria en causas nobles: asociaciones de mujeres, grupos que defiendan el medio ambiente o los derechos de los animales. Además, tendrás la oportunidad de conocer gente interesante y hacer nuevos amigos.

Baño para la noche del lunes: purificación

El cuarto de baño es el manantial, la fuente, el río de la vida. El lugar donde te bañas, te duchas, te purificas. La purificación es esencial para la Mujer Salvaje. Después de un duro día de trabajo le apetece limpiar su cuerpo y su mente. Si ha estado en contacto con mucha gente, el agua purificará su aura. También le gusta tomar una ducha antes o después de hacer el amor. No hay nada como estar con tu amante bajo un chorro de agua tibia; es el preludio o el epílogo ideal de una deliciosa velada.

El modo más rápido de olvidarse de las preocupaciones al final de la jornada es un buen baño. El baño es un lugar natural para la Mujer Salvaje; nunca prescinde de él. Siempre aparece cuando estás desnuda en el agua; le encanta chapotear y divertirse. Aunque el objetivo principal del baño es la limpieza, puedes añadir un aceite aromático cada día de la semana para convertirlo en una experiencia rejuvenecedora. Si cada día utilizas un aceite diferente impresionarás a tu Mujer Salvaje.

El baño del lunes por la noche es un baño lunar, e incluye un ritual purificador que va más allá de la limpieza corporal. Relájate esta noche en la bañera. Hoy no utilices ningún aceite; deja que te rodee el aceite de tu piel. Me gustaría que hubiera un modo de dar al agua un tono plateado, pero el agua limpia tiene suficientes destellos lunares. También es un poco grasa, y puedes sentir cómo cubre tu cuerpo con las bendiciones deseadas. La combinación de los aceites del agua y de tu piel tiene un agradable aroma. El tuyo.

Enciende una vela blanca y el incienso que prefieras mientras te bañas. Considera este acto como una oración y di:

> *Por el poder de mis antepasados,*
> *por el poder de mis descendientes,*
> *me libero de antiguos problemas,*
> *me libero de mi vida pasada.*
> *Me purifico del miedo;*
> *me purifico de la tristeza;*
> *me purifico de mis propios errores;*
> *me purifico como la nieve.*
> *¡Bendita sea!*

Repite estos versos tres veces para tener buena suerte.

Termina de bañarte y sécate lentamente con una suave toalla de algodón.

Bendición del dormitorio

Cuando haya luna creciente —tu Mujer Salvaje debería permanecer atenta al cielo para ver cuándo aparece— quema una pizca de salvia en un incensa-

21

rio pequeño e invoca a la diosa de la luna. Esta diosa tiene más de diez mil nombres, según el grupo étnico, pero el que se utiliza en Europa central, de donde procedo, es Diana.

Bendigo mi dormitorio en nombre de la diosa de la luna, Diana, para que me traiga buenos sueños y me proteja de las pesadillas, las enfermedades y todo tipo de males.

Como en el caso anterior, repite esta invocación tres veces.
Enciende una vela blanca y elévala hacia la luna mientras la miras y dices:

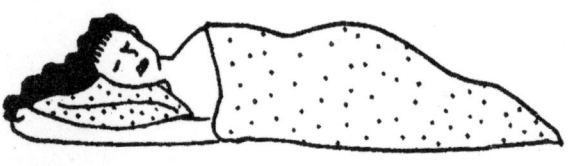

Para mi bella abuela, la Luna. Le envío todo mi amor y recibo de ella su bendición. Todo está bien entre la luna y yo.

Luego pon la vela en el altar para continuar con la bendición. Coge el incienso encendido y sopla tres veces para avivar el fuego. Da vueltas en círculo por la habitación y asegúrate de que el humo penetra en todos los rincones, incluso debajo de la cama. Puedes usar un fumigador o un abanico de plumas para que llegue a todas partes. Al acercarte a la cama, puedes cambiar las palabras de la bendición para reflejar tu situación actual. Por ejemplo, puedes decir: «Bendita sea mi cama, mi lugar de descanso. Que los hados estén contentos conmigo y me protejan» o «Bendita sea mi cama, mi nido de amor. Que los hados estén contentos conmigo y satisfagan mis deseos».

Ahora céntrate en tus necesidades. Podrías decir: «Deseo un compañero afectuoso que se una a mí en esta cama» o «Deseo tener buena salud y remedios para mis dolores» o «Bendigo el acto sexual que ha tenido lugar aquí. Que no discutamos nunca sin hacer las paces; que haya más amor y más felicidad».

Eres tú quien debe decidir cuáles son tus necesidades. Cuando hayas acabado, pon el incienso en el altar junto a la vela. Contempla el altar y deja que afloren tus sentimientos. Si has olvidado algo, éste es el momento de incluirlo en la bendición. Después concluye el ritual diciendo: «Bendita sea».

Invocaciones para mejorar personalmente
1. Para estimular la compasión en ti y en los demás

Es difícil sentir compasión hacia una misma. Si lo haces la gente te considera egoísta. Pero si no te compadeces de ti no puedes compadecerte de otros. Sólo consigues hacerte daño. Debes sentir compasión por ti misma antes de hacerlo por los demás. Intenta centrar tu energía vital en ti misma; trátate con cariño y afecto y comprobarás cuánto poder hay en tu interior.

Enciende una vela amarilla en el lugar donde pasas más tiempo, tu dormitorio. Asegúrate de que

23

la llama no supone ningún peligro. Incorpora este ritual a tu vida cotidiana. Cuando haya salido la luna y la veas en el cielo, entra en tu habitación y lleva a cabo este ritual afectivo.

Centra tu atención en la llama ondulante todas las noches y di para ti misma:

Soy la hija de la Madre Compasiva;
y me amo compasivamente.

Ahora bésate la mano con cariño. Repite estas palabras tres veces y bésate la mano otras tantas. Si te parece ridículo, intenta recordar que en nuestros días no está bien visto que las mujeres se quieran a sí mismas. Debes superar este tabú para sentirte cómoda amándote. Si eres capaz de hacerlo, aumentará tu energía física y psíquica.

2. *Para librarse de la vergüenza*

No debes avergonzarte de expresar tu sexualidad. No te sientas culpable de sentirte sexy. El sexo femenino ha soportado una gran carga psicológica bajo el régimen patriarcal, según el cual ninguna mujer es lo bastante buena, delgada o femenina. Esta invocación te ayudará a conocer tu cuerpo y a celebrar que eres una mujer.

Una vez al mes, cuando la luna esté menguando, puedes hacer esta invocación para repeler la vergüenza. Recuerda que aunque lo hagas a menudo, de algún modo la vergüenza volverá a instalarse en tu vida en cuanto te descuides. Repite esta invocación cada vez que sientas que te ataca de nuevo.

Sal a la calle para ver la luna menguante. Después de pensar en ella durante un rato, vuelve dentro y toma un baño purificador con sales de color azul. Y cuando acabes frótate los talones, los codos y los tobillos con cáscara de limón.

Enciende dos velas blancas y ponlas a ambos lados de un espejo. Quema tu incienso favorito, uno cuyo olor haga que te sientas radiante. Colócate desnuda frente al espejo y contempla tu imagen. Esta invocación es muy importante, porque tendrás que mirar en tu interior y hacer frente a tus recuerdos más antiguos. Mírate a los ojos profundamente y di: «Rechazo a quienes han hecho que sienta vergüenza de ser una mujer».

Después toma aire y continúa. Di en voz alta:

Me alabo a mí misma por ser una mujer. (Respira)
Alabo a Eva, mi sabia madre, que comió el fruto del Árbol de la Sabiduría.
   (Respira)
Alabo a Eva, mi sabia madre, que creó mi especie gracias a la menstruación.
   (Respira profundamente)
Consuelo a la niña que creía que debía sentirse avergonzada. (Respira profundamente)
Alabo a la niña que sobrevivió para ser quien soy. ¡La alabo! (Respira)
Perdono a la mujer que fue engañada y oprimida. (Respira)
Alabo a la muchacha que sobrevivió a las mentiras y se convirtió en una guerrillera espiritual. (Respira profundamente)

Ahora sé creativa y escribe tu propia oración. Tú conoces los detalles de tu vida, y sabes por qué te sientes avergonzada. Perdónate por la vergüenza que sientes y alábate por superarla. La vergüenza es un instrumento para mantener a las mujeres en su lugar.

3. *Para fortalecer los deseos*

Los deseos son sagrados. A través de ellos puedes ver a la diosa en acción, porque ella los ha sembrado en tu corazón para conducirte hacia tu destino. La vida es un viaje con muchos destinos a lo largo del trayecto, y los deseos son la brújula que nos orienta. Sin deseos no hay metas, impulsos o pasiones. No hay vida.

Para fortalecer tus deseos enciende una vela rojiza que te haga sentir bien. Proyecta tus deseos en la vela y envíalos al universo con toda tu energía emocional. Quema también un poco de salvia o sándalo. Si no te agradan estos aromas elige uno que te guste. Reza a la diosa de las profundidades y pídele que aumente el deseo en tu corazón. Después repite tres veces:

> *Bella Sedna, diosa de las profundidades,*
> *haz que mi deseo crezca*
> *como una inmensa ballena.*
> *Haz que mi deseo ruja*
> *como una ola gigante.*
> *Bella y dulce Sedna,*
> *¡que sea cada vez mayor!*

Cuando notes que el deseo crece en tu corazón, enciende una vela, contempla la llama y siente su energía. Si dejas que la vela arda un poco cada noche, los efectos de la invocación durarán siete o nueve noches seguidas. Éstos son los números de la luna.

Ahora viene la parte más difícil: debes desprenderte de este deseo y no pensar en él durante al menos una luna. Cuando lo hagas entrará en el universo, porque ya no estará unido a ti, y podrá establecer los contactos necesarios para conseguir su propósito antes de regresar. Si no dejas que se vaya nunca te abandonará, y en consecuencia nunca logrará su objetivo.

Confidencias íntimas

Ven conmigo al dormitorio para hablar de sexo, de hombres y mujeres y de las cuestiones importantes de la vida. ¿Has cerrado la puerta al entrar? Bien. Siéntate aquí conmigo y mírame a los ojos. Ha llegado el momento de hablar de las cosas que sólo se pueden decir en la cama, en el único lugar donde podemos permitirnos el lujo de ser vulnerables. En esta charla compartirás tus pensamientos más profundos. Sin miedo a ser juzgada, aquí puedes expresar todo lo que necesitas y sientes.

Pero para hacerlo tienes que saber quién eres. ¿Qué sabes de las mujeres?

Para empezar sabes que tú eres una mujer, pero a veces resulta difícil comprender lo que nos toca de cerca. Debemos redefinir el concepto de feminidad, porque ya no significa madre, tarta de manzana, zapatos de tacón y sueldos bajos. El racismo, el sexismo, el odio hacia una misma, la vergüenza y el mayor de los obstáculos, la ignorancia, afectan a las mujeres de todas partes.

¿Crees que eres diferente? Antes de ser libre en la cama con tu amante debes sentirte libre contigo misma.

Piensa en ello.

Noche del lunes: autosatisfacción

Acabas de llegar a casa. El trabajo del día sigue dando vueltas en tu cabeza y te tiene atrapada con sus tentáculos. Te duele el cuerpo de estar tanto tiempo sentada; y el estómago se queja de hambre. Te enfrentas a la cruda realidad. Los platos del desayuno siguen ahí, donde los dejaste esta mañana al salir corriendo; ningún duende bondadoso te ha limpiado la casa mientras estabas fuera. ¿Qué haría una Mujer Salvaje? No pensar en ello.

Algunas veces te recomendaré que practiques la «feminización», término que describe el placer que una mujer se da a sí misma. Ya sé que normalmente se denomina masturbación, pero aunque no haya ninguna relación etimológica con el vocablo *master* es decir, «señor, amo, dueño...», no te interesa invocar ese sonido cuando te apetezca gozar de tu propia sexualidad.

Esta noche entra en tu habitación y enciende una relajante vela azul en el altar. Quítate la ropa. Siéntate y mira la vela durante unos minutos mientras coges aire y lo retienes un poco más de lo habitual antes de expulsarlo. Después repite tres veces:

Sal de donde estés, sal,
mi amada Naturaleza, mi amada Novia.
Bendita seas en todos mis actos
para que satisfaga todas tus necesidades.
¡Dian! ¡Diana! ¡Dianna! ¡Gloria a ti!

Ahora siéntate en la cama y ponte cómoda. Contempla la vela desde allí. ¿Es la luz cálida y reconfortante? Sigue respirando. Tócate para relajarte aún más. Escucha la voz interior que te revela lo que necesitas. Esta noche céntrate en tu cuerpo, en tus necesidades. ¿Qué hace que te sientas bien? Durante años nos han dicho que no debemos amarnos a nosotras mismas, que sólo debemos pensar en el placer de nuestra pareja. ¿Por qué tiene que ser así? ¿Qué hay de nuestra Mujer Salvaje? Debemos escucharla atentamente y tener en cuenta sus necesidades.

Para saber cómo debemos hacer el amor a otra persona primero tenemos que aprender a hacer el amor con nosotras mismas. Eres un ser sexual. No seas tímida. Túmbate en la cama y sigue mirando la vela. ¿Te encuentras cómoda? Asegúrate de que tienes suficientes almohadas. Debes estar desnuda en la oscuridad de tu habitación, contemplando el sutil resplandor de la vela. Ponte boca arriba y disfruta de tu cuerpo. Tienes mucho tiempo para explorarlo. Acaríciate por todas partes. Descubre qué te hace sentir bien. No te sientas culpable ni avergonzada de tocarte. Tómate todo el tiempo que necesites para centrarte en ti misma y en tus deseos. Date placer.

Si no te apetece feminizarte esta noche, puedes complacerte de otro modo, por ejemplo echando una siesta. Los animales salvajes no tienen un horario estricto, y echan una cabezada siempre que quieren. Di a tu subconsciente que te despierte una o dos horas más tarde. Si crees que no vas a poder levantarte, pon el despertador. En Brasil y en muchos otros países la gente suele echarse una siesta después del trabajo; luego se levantan a las siete o las ocho para cenar y aún tienen unas horas hasta medianoche para hacer lo que quieran.

También puedes prepararte una deliciosa cena sin prisas ni agobios para no perderte tu programa favorito. Disfruta de la cocina. Toca las frutas, las verduras, los huevos y la carne como si celebraras un sacramento de vida. Piensa que los alimentos son milagros de la naturaleza que se comunican con tu Mujer Salvaje. Te recordarán que dependes de las sustancias naturales, de las sales, hierbas y especias que dan tanto sabor a la vida. Cuando veas un huevo, piensa en sus propiedades curativas, contémplalo como un talismán para la reencarnación. Considera la leche y la miel como pócimas de buena suerte. Incluso el agua que fluye en tu casa brillará, recordándote que una vez fue lluvia. El proceso rutinario de la cocina es en realidad un don sagrado.

Sólo dispones de unas pocas horas antes de acostarte para hacer lo que más te guste. Comer, beber, leer, tomar un baño, escuchar música, echar una siesta o darte placer: la noche del lunes es toda tuya. Céntrate en ti misma.

Sexo en solitario

Aunque no tengas pareja, puedes dejar libre a tu Mujer Salvaje para que juegue en tu dormitorio. Siempre está allí. Cada noche de la semana te propondré ideas para que te feminices. Para empezar, revisa las sugerencias que he apuntado para esta noche.

Relato nocturno: La gente de la luna

Hace mucho tiempo las aguas cubrían la faz de la tierra. Las grandes masas de hielo se habían derretido cubriendo montañas y valles; sólo las zonas más elevadas del mundo permanecían intactas. Se decía que era una predestinación: la tierra estaba cambiando una vez más.

La diosa Luna se movía sobre las aguas buscando criaturas a las que pudiera ayudar con sus milagros. En unos juncos vio a una niñita asustada que lloraba de frío y hambre. Cuando estaba a punto de enviar a sus ángeles a recogerla divisó a una loba que nadaba hacia la niña. Cuando la alcanzó, la cogió con cuidado por los brazos y la arrastró hasta tierra firme. Allí, en vez de devorarla, le ofreció su propio pecho para amamantarla. Y la niña mamó con todas sus fuerzas, y la diosa Luna sonrió.

—Puesto que tu compasión ha sido más fuerte que tu instinto —le dijo a la madre loba—, te concedo el don de la transformación. Puedes convertirte en cualquier criatura que desees.

Y entonces acarició el pelo de la loba con sus manos divinas, y la zona que tocó adquirió inmediatamente un tono plateado.

La niña creció con sus hermanos lobos correteando por el campo, compartiendo sus juegos y su guarida. Pero a medida que crecía se deprimía cada vez más. Se dio cuenta de que era diferente, y comenzó a echar de menos a los suyos.

Un día rezó sola a la luna, que instintivamente sabía que la protegía:

—¡Oh, madre, cómo me gustaría estar con otros humanos! ¿Soy yo la única? ¿Cómo puede ser?

Lloró amargamente.

Luego volvió a su lugar favorito. De pronto salió un joven de detrás de un árbol y dijo:

—He utilizado los poderes de mi madre para ser como tú, porque no puedo soportar más tu tristeza.

La muchacha se alegró de ver a su hermano con forma humana. Se amaron y de su unión nacieron los descendientes que poblaron Europa.

Esta historia se convirtió en la base del sendero de la loba gris, un sendero espiritual en el que la gente se disfraza de lobo y a veces aúlla a la luna junto con los lobos. Antiguamente esta práctica estaba tan extendida que según

varias leyendas un humano podía transformase en lobo saltando simplemente a través de un aro de abedul. Más tarde estas leyendas dieron lugar a las
historias de los hombres lobo, que representan la memoria colectiva de la relación entre los lobos, los humanos y la luna.

(Basado en una leyenda siberiana)

Martes por la noche

Activación de la vida amorosa

La energía de la noche del martes

La noche del martes es una noche crucial, llena de energía. Es la noche de Marte. Puede que te apetezca hacer ejercicio, ir al gimnasio o salir a bailar. Tal vez te parezca un día raro para ir a bailar, pero la energía está ahí. También es una buena noche para ver espectáculos deportivos, de modo que puedes comprobar si juega tu equipo favorito. Queda después del trabajo con tu pareja o con amigos. Ésta no es una noche para quedarse en casa, a no ser que planees hacer el amor.

La energía de Marte es sexual y apasionada, y normalmente va unida a la acción. Si decides pasar esta noche en casa con tu pareja, sé asertiva y deja que salga tu energía sexual. Envuelve a tu amante con tus brazos, siente la magia de tu cuerpo y disfruta al máximo.

Significado de la noche del martes

El nombre de este día de la semana procede de Marte, que en el norte de Europa se denominaba antiguamente Tiwaz (del inglés Tiw y el islandés Tyr). Aunque Marte es también el dios de la guerra, esto no significa que debas ir a casa y pelear con tu amante. En la primitiva representación etrusca, Marte era el dios de la fertilidad, Maris. Los romanos asignaron al martes el planeta Marte, que gobierna muchas cosas, incluido el deseo sexual, que se puede transformar en pasión.

El martes es un día clave. Has estado a tope durante todo el día, y al llegar a casa tienes que ser sincera contigo misma y con tu pareja. La sinceridad en las relaciones es muy importante. No tengas reparos en pedir a tu amante lo que necesitas. Si se siente molesto o no lo comprende, búscate otro amante con mayor grado de madurez.

El martes por la noche conseguirás lo que deseas. ¿Qué quieres exactamente esta noche? Es el día de la Voluntad, y toda la energía que te sobre debe ser encauzada de un modo positivo. ¿Y qué mejor vía que la sexualidad?

La diosa de la noche del martes: Isis

La diosa Isis, eternamente joven, es la reina del poder mágico y la consejera de todos los dioses. Fue esposa de Osiris, que muere cada año con la sequía del Nilo y regresa cuando crece el nivel de las aguas. Después de llorar su muerte reavivó su cuerpo para concebir a su hijo. Procedía de Egipto, pero fue reverenciada desde Roma hasta Bretaña, y hoy en día es una de las diosas más venerada por las mujeres.

Isis rige todos los elementos de la naturaleza; es la madre de todas las cosas, y sabe cómo conseguir lo que quiere. Los romanos la invocaban para navegar sin peligro por los mares. Echa flores al mar para tener buena suerte en tus viajes o en el camino de la vida.

En algunas regiones de mi país natal, Hungría, se dice que la diosa Isis une los corazones. Su amor te ayudará a conectar con tu amado. Su energía hará que la relación funcione. Para que te transmita su poder, di:

Oh, Isis, sanadora de todos los males,
escucha esta humilde pleglaria
y danos tu bendición un año más,
para que podamos disfrutar de las riquezas de la vida
y mantenerlas en tu honor.

Lo que estás pidiendo no son riquezas materiales, sino los recursos que harán que tu relación siga prosperando. Con esta ofrenda obtendrás una recompensa de un valor incalculable.

Ambiente de la noche del martes

Enciende una vela roja y observa cómo influye en tu *chi* y estimula tu energía vital. El color rojo se suele asociar con los órganos reproductores y la energía telúrica. Cuando estás excitada sexualmente y te ruborizas, ¿qué color irradias? Rojo, naturalmente. El rojo es el color de la pasión y el deseo, el color de la sangre que fluye por tu cuerpo. El rojo está relacionado tanto con el estado físico como con el emocional. De ahí la expresión «estar rojo de ira».

Esta noche pon rosas rojas en tu mesilla. El rojo intenso y luminoso de las rosas tendrá un efecto estimulante, y así tu pareja sabrá que ardes de deseo. Si te pones algo rojo y dorado, el deseo de ambos se acrecentará.

Quema tu incienso favorito en el altar. Cada día puedes elegir el que vaya mejor con tu estado de ánimo, porque un dormitorio no debe tener siempre el mismo aroma. Tu Mujer Salvaje tiene un sentido del olfato muy agudo, y sabe qué aroma desea. Compra varios tipos de incienso para que tengas siempre a mano un amplio surtido. Para ventilar la habitación cuelga las sábanas al aire libre.

Flores de Bach para la noche del martes: olivo, aulaga y nogal

Si te sientes cansada, toma unas cuantas gotas de esencia floral de olivo tres veces al día hasta que te encuentres mejor y recuperes tu nivel de energía; te ayudarán a sentirte más joven y a restablecer el equilibrio físico, mental y espiritual.

Si no tienes ganas de nada y no puedes acceder a tu energía vital —ni siquiera una vez a la semana—, utiliza la esencia floral de aulaga. Te ayudará a combatir la pasividad y el abatimiento.

Si te encuentras en un momento delicado de tu vida o debes hacer frente a un cambio decisivo —pubertad, menopausia, un proceso de divorcio o un nuevo empleo—, prueba la esencia floral de nogal.

Baño para la noche del martes: poder

De los siete Baños Sagrados, que suelen utilizar los ocultistas de diferentes tradiciones étnicas y se venden en tiendas de velas, esta noche debes usar el de color rojo. Cuando entres en el agua quizá te sientas un poco extraña y pienses que el fondo de la bañera está conectado con el infierno. Mientras te bañas, enciende una vela e imagina que el rojo es una vibración que absorbe tu piel. Sumérgete en su poder. ¡ROJO! El poder de la vida. El poder de la acción. El poder de la sangre femenina. El poder de la pasión. El poder del amor. Realiza este ejercicio de meditación para liberar a tu Mujer Salvaje.

Respira profundamente siete veces. Cada vez que cojas aire adéntrate mentalmente en un lago de propiedades terapéuticas que le encanta a tu Mujer Salvaje. Invócala chapoteando y jugando con el agua. Deja que emerja y se bañe contigo. Ahora imagina que nadas junto a ella y te refrescas en su lago sagrado.

Mira por debajo del agua para ver al resto de las criaturas que viven allí. (No en la bañera, sino en el lago imaginario.) ¿Qué tipo de criaturas ves? ¿Están la simpática serpiente acuática o la tortuga sabia? ¿Hay peces? ¿Y pájaros? Cuando creas que ya habéis nadado bastante, sal del agua con tu Mujer Salvaje a un prado verde y moveos despacio, en armonía con la energía de vuestros cuerpos.

Ahora puedes salir del baño rojo y secarte. Mientras te quitas la humedad, gime y sigue en contacto con el lado salvaje de tu naturaleza. Cuando termines coge la vela y llévala ceremoniosamente al dormitorio. Si te está esperando tu amante, haz con él el amor con la misma sensualidad. Presta atención a todo lo que te rodea. Tómate siempre todo el tiempo que necesites para expresar tu sexualidad; la Mujer Salvaje ha de sentirse libre y segura para expresarse sexualmente.

Invocaciones de amor y separación

1. *Para conseguir amor*

A veces es necesario que seas agresiva al hacer conjuros amorosos. Las invocaciones de este tipo sólo funcionan si hay algún tipo de química, aunque sólo sea la posibilidad de que dos personas puedan conocerse. Si la relación está «condenada al fracaso», la invocación no dará resultado por mucha energía que se invierta. En algunos casos es imposible que haya una relación amorosa.

Cuando hagas una invocación no debes elegir un objetivo concreto. No menciones el nombre de la persona que deseas; di: «Alguien que me dará el amor que necesito». Y no te centres en gente que no te corresponde; el mundo está lleno de oportunidades. Sin embargo, puede haber alguien que necesite un empujoncito para activar los sentimientos que hay entre vosotros. Lo mejor es que no sepas a quién necesitas y que tengas esperanzas de que habrá alguien para ti. La diosa sabe quién es esa persona, dónde vive y cómo os podéis encontrar «accidentalmente». Los encuentros fortuitos son su especialidad.

Para hacer la invocación, prepara una vela roja en tu dormitorio. Coge una espina de una rosa y escribe con ella las palabras *mi verdadero amor* en la vela. (Te resultará un poco difícil, pero es el método tradicional.) Humedece la vela con saliva y luego úntala un poco con tus flujos vaginales. Después, para complacer a la diosa, quema un poco de salvia o sándalo.

Cuando haya luna nueva, pon la vela en el centro del altar y reza a la Madre Luna.

> *Amado mío, mi verdadero amor,*
> *extraviado por el destino*
> *y hallado por la luna.*
> *Amor mío, mi verdadero amor,*
> *ven a mí sin demora.*
> (Repítelo tres veces)

Mantén la vela encendida durante unos diez minutos y contémplala tumbada en la cama. Luego mójate los dedos y apágala. No apagues nunca una vela mágica soplando. Repite este ritual durante nueve noches consecutivas y después olvídate de todo; si sigues pensando en la invocación, no podrá irse y regresar con éxito. Arroja el trozo sobrante de vela en un río o un lago, date la vuelta y no mirés atrás. Ya está hecho. Los resultados se harán evidentes pasada una luna.

2. *Para hacer las paces*

Imagina que te has peleado con tu amante, algo muy frecuente en estos tiempos. Muchas veces, después de discutir vamos a la cama furiosos. Cuando os enfadéis, es muy importante que hagáis las paces antes de acostaros. La ira anula por completo la intimidad. No obstante, si no os podéis reconciliar antes de ir a la cama, prueba el siguiente conjuro.

Espolvorea un poco de cimifuga (hierba cuyo nombre en latín es *Cimicifuga racemosa*) alrededor de la cama. Di: «Que el alma enojada y el corazón herido se conviertan en palomas blancas y alcen el vuelo» tres veces y visualiza a ambos sonriendo. Si esto no funciona, pide consejo. No es bueno ir a la cama de mal humor.

3. *Para separarse de un ex amante*

Es posible que en alguna ocasión hayas compartido el dormitorio con un amante que ya no está a tu lado. Resulta doloroso ver el espacio vacío. El olor de esa persona y los recuerdos que ha dejado a su paso generan intensas vibraciones que tienen un efecto subliminal. A veces conservamos prendas u objetos del amante que se ha ido, y de ese modo mantenemos encendida una luz en nuestro interior. Todo eso está muy bien si hace que te sientas mejor y no se te parte el corazón cada vez que abres un armario o coges una taza de té. Pero llega un momento en el que ya es suficiente. Es necesario que recuperes tu dormitorio. Antes incluso de que tu corazón se renueve, debes limpiar tu espacio físico.

Lo primero que deberías hacer después de que se vaya tu pareja es deshacerte de las sábanas que habéis usado juntos. Las almohadas se transforman al cubrirlas con fundas nuevas. El acto de borrar las huellas físicas te ayudará a eliminar también las huellas psicológicas.

Purifica tu habitación limpiándola a fondo. Si añades vinagre al agua que utilices para limpiar el suelo, por ejemplo, desinfectarás la estancia y al mismo tiempo la librarás de vibraciones. Dale a las paredes una mano de pintura. Si tienes alfombras, echa sobre ellas unas flores de lavanda y déjalas en el suelo una semana antes de pasar la aspiradora. Por último, cuelga nuevos cuadros y quita las fotos viejas para cambiar el aspecto del dormitorio. Después de todo esto, espera a que haya luna menguante para hacer un conjuro de separación.

Cubre el altar con un mantel de color gris, porque el gris está asociado con la neutralidad. Consigue dos velas grises: una para ti y otra para la persona ausente. Escribe tu nombre tres veces en tu vela y el suyo en la otra otras tres veces. Pon las velas en el altar una junto a otra, pero a cierta distancia. Compra incienso para deshacer hechizos (que normalmente es gris) en una tienda de artículos de ocultismo. Quema el incienso e intenta alcanzar un estado mental en el que puedas decir adios definitivamente. Visualiza a esa persona alejándose de ti y a ti misma alejándote de ella en dirección opuesta. Enciende las dos velas y di:

Sal de mi corazón, (nombre);
¡sal de mí!
Los cuatro vientos te expulsan de mi espacio;
los cuatro fuegos se apagan en mi corazón;
los cuatro puntos cardinales te llevan para siempre;
las cuatro estaciones lluviosas te diluyen.
(Repítelo tres veces)

Separa las velas aún más, mira cómo arden durante trece minutos y luego sopla con fuerza para apagarlas. (¡Una sola vez!) Observa la ausencia de llamas. Acéptalo. Repite el conjuro tres noches seguidas cuando haya luna menguante y separa las velas un poco más cada día. La tercera noche deja que ardan hasta que se consuman. Para entonces cada una debería estar en un extremo del altar. Si te apetece llorar, ésta es tu última oportunidad.

Recoge las cenizas y el resto de los materiales que has utilizado para el conjuro, échalos en un caudal de agua corriente y no mires atrás. Si sigues pensando en ello no se hará realidad. Obsesionarse con amores perdidos es una costumbre muy perniciosa: te mantiene encerrada en el pasado y te impide acceder al futuro.

44

4. *Para librarse de un amante agresivo*

A veces, las mujeres dan mucho y reciben muy poco a cambio. Y lo que es peor, en algunos casos acaban involucradas en relaciones violentas física o emocionalmente. Por lo general, los amantes agresivos no quieren marcharse; necesitan a alguien a quien puedan dominar y maltratar. Algunas mujeres huyen, pero sus compañeros las persiguen hasta encontrarlas. Los hombres de este tipo son muy dependientes: necesitan una mujer que les haga la comida, les lave la ropa y les satisfaga sexualmente. Si tu pareja te maltrata y quieres que salga de tu vida, prueba el siguiente maleficio, que se puede realizar cualquier día del mes.

No lleves a cabo este conjuro si no estás segura de que tu pareja merece un maleficio. Pero si ha amenazado con matarte y maltrata a tus hijos, tienes derecho a hacérselo. Se trata de su vida o la tuya.

Para empezar necesitas un trozo de pelo o de uña de tu pareja. Coge un poco de pelo de su peine y tendrás un vínculo vital con esta persona.

Consigue una vela negra y monta un pequeño altar cubierto con una tela negra. Pon unos cuantos huesos en el altar (por ejemplo huesos de pollo de la cena). Luego escribe en la vela el nombre de tu pareja hacia atrás siete veces. Escribe el nombre de pila que suelas utilizar; no te molestes con formalidades.

Después consigue un poco de tierra de un cementerio. No tiene que ser de una tumba; con que cojas un puñado del suelo bastará. Sin embargo, si puedes conseguir tierra de la tumba de un familiar que se preocupase por ti, obtendrás la ayuda del difunto, que puede ser de gran utilidad. Los familiares muertos suelen actuar como ángeles guardianes en casos de peligro. Y si estás viviendo con un hombre agresivo te encuentras en peligro.

Pon la vela en la que has escrito el nombre de tu compañero en un trozo de papel oscuro y humedécela con tu propia orina. (La orina se usa en magia para eliminar cosas.) Mientras la vela esté aún húmeda, enrolla en ella las hebras de pelo hasta que queden bien pegadas. Espolvorea la vela con abundante pimienta negra. (La pimienta se usa en magia para irritar o atacar.) Por último, si tienes pimienta cayena, envuelve en ella la vela para que se queme.

Haz un candelero con papel de aluminio para sostener la vela y ponla en el altar. Si vives cerca de una tienda de artículos de ocultismo, compra incienso para magia negra o para traiciones. En caso contrario puedes usar nuez moscada, que desprende un aroma muy amargo al quemarse.

Cuando tu pareja no esté en casa, de día o de noche, quema el incienso o la nuez moscada y siente tu dolor. Decídete. Ya has tenido bastante y quieres que esa persona salga de tu vida. Quieres separarte y poner fin a esta situación. Ahora enciende la vela y repite tres veces:

Hay un espíritu en el cuerpo de (nombre de tu pareja).
No me dirijo a un ser vivo sino a un difunto;
el espíritu de la responsabilidad.
No me dirijo a un ser vivo sino a un difunto;
te invoco a ti, bondadoso espíritu.
No me dirijo a un ser vivo sino a un difunto;
para que (nombre de tu pareja) *deje de hacernos daño a mis hijos y a mí.*

No me dirijo a un ser vivo sino a un difunto;
destrúyele por sus errores y su maldad.
No me dirijo a un ser vivo sino a un difunto;
destrúyele; detenle; libéranos a mis hijos y a mí.
¡Bendito seas! Hecho está.

Echa la tierra del cementerio alrededor de la vela tres veces en sentido opuesto a las agujas del reloj y deja que la vela arda hasta que se consuma. Repite la invocación anterior dos veces más, porque el número mágico en las leyes de la naturaleza es el tres. Si es posible y estás más tiempo sola, enciende la vela tres noches seguidas —de modo que se consuma un poco cada noche— y repite la invocación.

Cuando termines, puedes echar los restos del conjuro al inodoro (¡los huesos no, por supuesto!) o llevarlos a un río o al mar. Haz lo que te resulte más sencillo.

Este poderoso maleficio está relacionado con los espíritus que habitan al otro lado de la vida. Al decir: «No me dirijo a un ser vivo sino a un difunto», invocas al espíritu de tu agresor, un espíritu afligido que agradecerá la oportunidad tanto para ayudarte como para iniciar una nueva existencia. Si bien es cierto que muchos agresores han sufrido abusos en su infancia, la mayoría no puede superarlo en esta vida. Y no todos los niños que han sufrido abusos acaban siendo adultos agresivos, de modo que cada individuo es en parte responsable de sus actos. Tu deber es proteger tu propia vida y la de tus hijos. No pienses en cómo se producirá esta «separación»; deja que el destino se encargue de ello. Busca lugares a donde puedas acudir y ponte en contacto con mujeres policías, centros de mujeres y abogados. Envía cartas a las autoridades para que haya pruebas escritas. No te quedes callada. Comienza a ahorrar dinero y prepara a tus hijos para huir cuando lo decidas. Y sobre todo, repite para tus adentros todas las noches: «Soy fuerte, merezco que me den cariño y amor y sé que sobreviviré».

Cuida de ti misma a toda costa y lucha por una relación sana, satisfactoria y segura.

Confidencias íntimas

Esta noche, humedécete los labios, mordisquea la oreja de tu amante y susúrrale al oído lo que quieres. Actúa con decisión y dile que esta noche deseas que te bese intensa y apasionadamente.

Noche del martes: sexo oral

Cuando era niña el sexo era un tema prohibido. Nadie lo mencionaba. Nuestros padres pensaban que si no hablaban de ese asunto no sentiríamos curiosidad, o si eran conscientes de que nos interesaba intentaban asustarnos. Mi madre siempre decía que era muy fácil quedarse embarazada, que podía suceder simplemente rozando el cuerpo de un chico. De algún modo, el pertinaz esperma podía atravesar la ropa y penetrar en mí. Hice caso a mi madre y permanecí casi virgen hasta que me casé. No se lo recomiendo a nadie.

Mi madre nunca me habló del sexo oral. Una noche, le sugerí a mi marido que lo probáramos. Se puso encima de mí y comenzó a descender con cautela, como si estuviera aproximándose a un profundo túnel excavado en la tierra lleno de serpientes. Estaba tan nervioso como yo. Examinó mi vagina con cuidado y después me lamió el clítoris con indecisión. Al ver que seguía vivo continuó explorando. Sus torpes maniobras no consiguieron excitarme. No sabía lo que estaba haciendo, y yo no sabía cómo explicarle lo que quería. Pasó algún tiempo hasta que descubrí los auténticos placeres del sexo oral.

Estoy segura de que la mayoría de vosotras querríais que vuestra pareja se interesara más por las caricias orales. La inofensiva vagina es la llave de la intimidad y el placer para las mujeres. Toda la zona es muy sensible, desde el clítoris hasta el ano, y nos gustaría que nuestros amantes se acercasen a ella como si estuvieran cortejándola, con suaves caricias y palabras dulces. Di a tu amante lo que te gusta. Por ejemplo, ¿quieres que comience lamiéndote la parte posterior de las orejas y continúe hacia abajo mientras aumenta tu excitación?

Utilizar la lengua para dar placer es todo un arte. Una mujer sabe de forma inmediata si su amante está disfrutando al darle placer. Los hombres afirman que para ellos el sexo oral es muy importante. Tu pareja también disfrutará con tus caricias, y le agradará que a ti te parezca excitante. Dicen que cuando un hombre explora con la lengua el cuerpo de una mujer, puede tener una erección y mantenerla durante más tiempo. La práctica del sexo oral es un acto de aceptación total, imprescindible si vas a permitir que alguien entre en tu cuerpo. Si te gusta lo que hace tu pareja, házselo saber. Gime. Acaríciale el pelo. Atrae su cabeza hacia ti. Muévete de forma armoniosa. Imagina que es una experiencia duradera, sin ningún objetivo final. El tiempo se ha detenido. Explorad vuestros cuerpos y disfrutad el uno del otro. También podéis hacer una pequeña pausa si os apetece. De este modo es posible que tengáis un orgasmo, o no. Si hay algo que os haga gracia, parad un momento para reíros. Cuando hacen el amor, los esquimales dicen que *se ríen juntos*. Recordad que debéis estar alegres y relajados al hacer el amor.

El sexo es algo que sucede entre dos cuerpos y dos almas. El sexo oral ensalza la armonía y la inteligencia del cuerpo. Las caricias orales son maravillosas, y proporcionan un grado de confianza que aumentará la intensidad del acto sexual.

Sexo en solitario

Ésta es una noche lúdica. Sabes cómo pasártelo bien, y hoy debes concentrar esa energía en ti misma. Aunque la gente sólo habla de los juguetes sexuales en broma, muchas mujeres los utilizan. Ese aparato de masajes que tienes sirve para mucho más que para aliviar el dolor de espalda. No creo que lo compraras pensando sólo en las cervicales. No te apures. Muchas mujeres tienen consoladores y vibradores. Es cierto. Esta noche juega con tus juguetes sexuales. Si no tienes ninguno, quiero que me prometas que al menos irás a ver escaparates. Si te da vergüenza entrar en una sex shop, utiliza tu imaginación. Vete a unos grandes almacenes y compra un aparato de masajes. Sonríe a la dependienta y háblale de la tensión que tienes en el cuello. Imagina lo que harás al salir de la tienda.

Si no te atreves a hacerlo, abre la nevera y busca algo que te parezca sexy. Muchas mujeres afirman que les gusta darse placer con un pepino de vez en cuando. Asegúrate de que lo lavas bien, antes y después de usarlo. Aunque se trate de un producto orgánico, debes utilizar un preservativo. En este caso no habrá esperma, pero debes tener cuidado con los pesticidas. Practica siempre el sexo seguro, aunque estés sola.

Relato nocturno: Baba Yaga y sus hijos

Baba Yaga es una anciana muy excéntrica. Vive en una casa que gira continuamente, porque está construida sobre las patas de un ave gigante. Si te acercas a ella se da la vuelta hacia ti. Baba Yaga está siempre alerta; no hay forma de sorprenderla. Sus hijos son los cuatro vientos y sus hijas las hadas, y siempre están pendientes de Baba Yaga.

Había una vez un rey despiadado al que le gustaba dar órdenes imposibles a sus súbditos. Si no las llevaban a cabo, los mataba. Un día le dijo a su sirviente que llevara una carta a un país vecino y regresara con una respuesta en tres horas.

—Pero señor —repuso éste—, en tres horas apenas tengo tiempo de llegar a la frontera.

Sus protestas no sirvieron de nada, y apesadumbrado partió en su caballo.

Entonces invocó a Baba Yaga, porque sabía que vivía en medio del bosque y podía leer sus pensamientos. De pronto, mientras cabalgaba, apareció en el camino un desconocido vestido de negro que conducía un carruaje tirado por tres caballos. El sirviente se detuvo y le habló de su difícil misión.

—No te preocupes —respondió el misterioso desconocido—. Sube a mi carruaje y te llevaré antes de que te des cuenta.

El carruaje iba tan rápido que el pobre sirviente se desmayó, y al despertarse se encontró en la corte del reino vecino. Entregó la carta y le dieron una respuesta. Cuando cabalgaba de camino a casa, se encontró de nuevo con el siniestro desconocido.

—Sube a mi carruaje —le dijo— y te llevaré de vuelta antes de lo previsto.

El sirviente subió al carruaje y, como la vez anterior, cuando comenzó a volar a través del espacio se desmayó. Poco después se dio cuenta de que estaba a las afueras de la ciudad. El desconocido se despidió de él con estas palabras: «Di a tu señor que has viajado con un dios». Y luego se fue tan rápido como el viento.

Cuando el rey vio que el sirviente había conseguido su objetivo —en sólo dos horas— le preguntó cómo lo había hecho.

—He viajado con un dios —contestó el sirviente.

De repente, el rey oyó el sonido de los látigos que hacían avanzar a los caballos del viento del oeste, que le atravesó como una flecha el corazón. En ese momento cayó muerto, y nunca más volvió a torturar a sus sirvientes.

Miércoles por la noche

Comunicación: un asunto íntimo

La energía de la noche del miércoles

Ésta es la noche en la que se establece una auténtica comunicación. Habla tranquilamente con tu pareja; aclara malentendidos; susurra palabras dulces; escribe una carta de amor. Esta noche debes abrir tu corazón y decir a tu amante todo lo que piensas. Di la verdad y elige bien el tema de conversación. No es necesario que saques a relucir los asuntos que deberías olvidar.

Si no tienes pareja, llama a las personas que más quieres. Ponte en contacto con tus padres. Habla con tus amigos por teléfono. Invita a alguien a tu casa o haz planes para visitar a una amiga. Escribe cartas a los amigos que se hayan trasladado a otros lugares. Sarasvati, la diosa hindú de la conciencia, estará contigo mientras escribes. No te plantees esta actividad como una tarea, sino como un ritual en honor a Sarasvati.

Significado de la noche del miércoles

Antiguamente, el miércoles era el día de Woden, el dios germánico de la conciencia y la comunicación, de la magia, de la inspiración poética y del éxtasis, que te ayudará a encontrar en tu interior la motivación adecuada. Cada vez que te comunicas con alguien deberías ser consciente de tus propósitos. El miércoles es el día de las relaciones íntimas, que incluyen la observación y el procesamiento de la información. Piensa en tu vida. Piensa en tu situación actual. Piensa en tus relaciones. Toma conciencia de lo que está sucediendo. ¿Qué quieres expresar —de un modo verbal o no verbal— a los que te rodean? Con tus actos y tus reacciones también envías mensajes a los demás.

Mercurio es el dios romano equivalente a Woden, con el que se le solía identificar. Para los romanos, el planeta Mercurio gobernaba el día central de la semana, el miércoles. Mercurio era el dios del comercio, la ilusión y la magia. Era inteligente, pero un poco malvado. Ten cuidado si manejas dinero un miércoles. El equivalente griego de Mercurio era Hermes, el hijo de Júpiter y Maya. Hermes era el mensajero divino, y se decía que guiaba a la gente hacia el otro mundo.

Odín, nombre escandinavo de Woden, era el dios de la guerra y de la poesía. Si decides comunicarte con tu amante a través de un poema, Odín te vigilará si lo escribes un miércoles. Él te ayudará a encontrar las palabras adecuadas para expresar tu amor.

La diosa de la noche del miércoles: Hygeia

Cuando estés enferma debes invocar a Hygeia, la diosa de la salud. Hygeia se suele representar como una mujer de mediana edad de tez oscura, vestida con ropajes largos y una pitón —el símbolo de la regeneración y la curación— a su alrededor. Las serpientes mudan la piel cuando crecen, de forma que queda a la vista la capa inferior. Ésta es una de las razones por las que se asocia a Hygeia con las serpientes y la salud. Es la diosa de la prevención.

Hygeia te recuerda que vayas al médico con regularidad. ¿Cúando fuiste por última vez? Tu cuerpo es muy importante. Debes prestarle atención y cuidarte. Hygeia es la patrona de la previsión, y puede ayudarte a evitar enfermedades gracias a la medicina preventiva. La mejor prevención contra el cáncer de mama son las exploraciones manuales. Hazte exploraciones con regularidad. Si no estás segura de lo que debes hacer, pide consejo a tu médico.

En la Grecia antigua se erigían estatuas de Hygeia para mantener las epidemias y la peste alejadas de las ciudades. Ella protege de los males, y de su nombre se deriva la palabra *higiene*. La serpiente que lleva a su alrededor sigue siendo el símbolo que utilizan hoy en día los médicos y los farmacéuticos.

Ambiente de la noche del miércoles

Algunas veces quizá te resulte difícil hablar con tu pareja. Si tienes un nuevo amante, es posible que te cueste plantear algunos temas. El color amarillo te ayudará a reunir el valor necesario para comunicarte, ya sea para comentar asuntos importantes o cuestiones banales (del tipo «yo he fregado los platos también hoy mientras tú estabas sentado leyendo el periódico»). El amarillo favorece la comunicación, tanto física como espiritual, y ayuda a mantener conversaciones tranquilas y sensatas. Si lo utilizas bien, este tono relajante te ayudará a evitar discusiones. El amarillo es un color muy espiritual que te resultará útil para conectar con la diosa, con la tierra y con los que te rodean.

El turquesa es el color que tiene más vibraciones femeninas. Si te pones algo turquesa o usas sábanas de este tono, estarás anunciando con orgullo a todo el que entre en tu dormitorio que eres una amante imaginativa, que te gusta aprender cosas nuevas y disfrutar de la vida.

El azul verdoso significa: «Soy profunda, tierna y reconfortante, y te envolveré con mi amor». Al llevar este color recuperarás la confianza en la relación, y te resultará mucho más fácil confiar en tu pareja. ¿Por qué no enciendes una vela azul verdosa y le pides a tu amante que te hable de una experiencia relacionada con el agua? Es posible que ocurriera en su juventud y que al recordarla se sienta más animado. De ese modo el acto sexual será maravilloso (siempre que no haya arena en la cama).

Flores de Bach para la noche del miércoles: castaño blanco, mímulo y leche de gallina

La noche del miércoles es una ocasión estupenda para comunicar tus pensamientos. Pero si no tienes ganas de hablar puedes tomar unas cuantas gotas de esencia floral de castaño blanco tres veces al día. Te ayudarán a aclarar tu mente y a concentrarte, con lo cual disminuirá tu ansiedad y aumentará tu estabilidad mental. En consecuencia, te sentirás tranquila y confiada, y desde esa perspectiva verás que las respuestas para todos tus problemas se revelan por sí mismas. Este tipo de revelaciones tardan un tiempo en producirse. Relájate. No te tortures pensando si te llamará tu nuevo novio. (Y si no llama, quizá deberías hacerlo tú; puede que él esté esperando tu llamada.)

Los trastornos físicos pueden debilitar nuestra confianza y hacer que sintamos miedo. Para evitarlo, toma esencia floral de mímulo. Llévala siempre contigo. Cuando notes que el miedo se apodera de ti —cuando tu corazón comience a latir con fuerza o te quedes sin aire— ponte unas cuantas gotas en la lengua y respira profundamente. Si por alguna razón tu organismo sufre una alteración violenta —te han despedido, vas a casarte o debes hacer frente a un divorcio—, te recomiendo que tomes unas gotas de leche de gallina. Esta esencia floral te ayudará a restablecer el equilibrio físico y emocional.

Baño para la noche del miércoles: transformación

Esta noche el baño debe ser de color amarillo, el color de la transformación y la expresión. Compra aceites o sales de baño amarillas. Para sentirte como nueva después del baño, utiliza toronjil o cedrón, hierbas o esencias que ya usaban los griegos hace más de dos mil años. El toronjil ayuda a combatir la depresión y ahuyenta la melancolía. El cedrón tiene unas hojas preciosas y un delicioso aroma a limón. Mientras te bañas, imagina que se desvanecen todos los malentendidos, que escuchas atentamente, que hablas con claridad y que te comprenden.

Invocaciones de recuperación, nacimiento y muerte

♥ 1. Para bendecir tus genitales

Los genitales son el foco de todos tus placeres, y es importante mantenerlos sanos. Si padeces una enfermedad de transmisión sexual, tienes el sagrado deber de no contagiársela a nadie. Infórmate y practica el sexo seguro. Realiza el siguiente ejercicio de meditación para curar o mantener sanos tus genitales.

Cuando haya luna llena, relájate, siéntate y medita durante diez o quince minutos. Imagina que caminas descalza hacia el templo de tu mente, un lugar bello y seguro en el que prevalece el sentimiento de paz. Espera a la diosa y observa si quiere decirte algo. Permanece atenta a las señales. Puede aparecer ante ti como una amiga o con aspecto de diosa, con todo el esplendor de su desnudez. No te alarmes por su honestidad: es la diosa de los encuentros sexuales. Va adornada con joyas y es libre. Pídele que bendiga tus genitales para que estén a salvo de enfermedades y tu placer sea intenso y satisfactorio. Quema un poco de almizcle, el aroma que le gusta a la diosa. Dale las gracias afectuosamente antes de abandonar el templo y volver a tu existencia habitual.

2. *Para recuperar la salud*

Erige un altar con un mantel blanco, un florero y dos velas blancas. Pon las velas a ambos lados de una imagen de la diosa, que por ejemplo puede ser una fotografía de una rosa o una concha marina. La gran creadora de vida, fuente de toda energía, se manifiesta en las cosas bellas que nos rodean. Si tienes una estampa de la virgen de Guadalupe, cuélgala en la pared sobre un jarrón lleno de flores. (En algunas tiendas de productos latinoamericanos venden velas de vidrio con su imagen grabada.) Deposita fruta fresca enfrente de la diosa a modo de ofrenda. Luego túmbate en la cama para contemplar el altar e imagina que la diosa te transmite su energía curativa. Di:

> *Estrella misericordiosa,*
> *reina de todos los cielos,*
> *tuya es la fuente de la vida,*
> *mía es tu esencia.*

Regenera mi cuerpo, mi (zona que te duela),
como te renuevas a ti misma,
estrella misericordiosa,
reina de todos los cielos.
Haz que así sea.
(Repítelo tres veces)

Consigue unas cuantas hojas de laurel y quema una de ellas cada vez que hagas esta invocación. Si mezclas las hojas de laurel con sándalo, contrarrestarás la mala suerte y podrás hacer borrón y cuenta nueva.

Ahora descansa durante un minuto e intenta ver a la diosa en la luz ondulante de la vela, en la belleza de las flores.

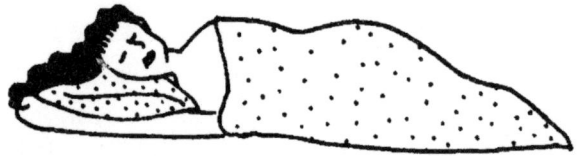

Después di:

Todo lo mío es tuyo.
Te doy mi dolor, mis males, mis penas.
Todo lo tuyo es mío.
Acepto las bendiciones de mi Madre Divina.

Repite esta invocación siempre que te apetezca. Al hacerlo aumentará tu grado de confianza, y de este modo te curarás mucho antes.

3. *Para curar una enfermedad leve*

Cuando estás enferma necesitas descansar. El remedio más antiguo para la mayoría de los males es dejar que el cuerpo se recupere en la cama. Duerme. No esperes hasta caerte redonda; acuéstate en cuanto notes los primeros síntomas. El descanso es el mejor modo de prevenir enfermedades, pero el más difícil de recordar. Por lo general no prestamos atención a nuestro cuerpo; no queremos renunciar a nuestras actividades cotidianas simplemente para cuidarnos antes de que sea demasiado tarde. Por ejemplo, a mí me gusta quedarme todo el día en la cama leyendo. Y de esa manera, si me siento un poco indispuesta, evito coger un resfriado.

Antes de meterte en la cama asegúrate de que tienes todas las provisiones necesarias: medicinas, comida, flores, muchas velas, alguien que pase a verte. Después pon una vela de color naranja en un recipiente de vidrio y enciéndela. Deja que su llama te haga compañía durante una semana. El naranja es un color cálido y lleno de energía que se asocia con la salud y la vitalidad. Cuando estás enferma, a tu Mujer Salvaje le gusta velarte con este color. (Si tienes fiebre debes usar una vela azul; te ayudará a bajar la temperatura.) Pide a tus amigos que te lleven muchas ramas verdes y ponlas a tu alrededor para crear un ambiente fresco.

Justo antes de que una vela se apague, enciende con ella la siguiente.

Continúa trasladando la llama hasta que te encuentres bien para mantener de ese modo las vibraciones del color. Si te molesta la luz por la noche, lleva la vela a otra habitación. Hay gente que no puede soportar toda la noche el movimiento de la llama. No pasa nada por cambiar la vela de sitio, siempre que se mantenga encendida.

4. *Para curar una enfermedad grave*

Si estás en casa recuperándote de un trastorno grave —un tratamiento contra el cáncer o una operación— enciende velas blancas. También puedes poner en el altar que erijas para tu recuperación fotografías de seres queridos que hayan muerto: una tía a la que tenías especial cariño, tu madre, tu padre, tus abuelos. Esto no significa que desees reunirte con ellos, sino que les pides su ayuda. Para eso sirve el poder de los antepasados, que siguen vivos en su mundo. Cuando los invoques, te enviarán más savia de las raíces del árbol de la vida.

Prepara un ritual sencillo, algo que puedas hacer sin cansarte demasiado. Puedes decir las oraciones breves que se incluyen a continuación, por ejemplo dos líneas por la mañana y otras dos por la noche. Mira al punto más reluciente de la vela durante un rato, hasta que sólo veas luz, y di:

¡Bendito sea mi destino y bendita sea mi vida!
Soy una y única en el seno de mi Madre Divina.

Por la noche puedes decir:

Bendita sea la noche y bendito sea mi destino,
mi Madre me protege y vela siempre mis sueños.

Come todos los días tres hojas de una planta silvestre que crezca en los alrededores (sólo si eres capaz de digerirlas, por supuesto). Pide a un amigo que te consiga un libro para aprender a identificar plantas silvestres y después dile que te lleve las hojas. Si le das a tu Mujer Salvaje tres bocados de algo silvestre, estará tan agradecida que acelerará el proceso de curación. Nuestros cuerpos fueron creados para comer las hierbas que crecían en el campo. Cuando ingieres incluso una pequeña cantidad de plantas silvestres, todo tu cuerpo recuerda esos tiempos.

5. *Para purificar una habitación antes de un parto*

Durante siglos las mujeres han tenido a sus hijos en casa. Sin embargo, en las últimas decadas, los nacimientos (así como la muerte) han sido relegados a los hospitales. Afortunadamente, tener un niño en casa con la ayuda de una comadrona vuelve a ser una alternativa viable.

Si vas a dar a luz en casa, prepara un altar para la Gran Madre en tu dormitorio. Cubre el altar con un mantel blanco y coloca encima una imagen de la Madre, que puede ser desde la Venus de Willendorf hasta la Virgen María, o una fotografía

de una revista que para ti represente la belleza de la maternidad. Pon también una vela roja en un recipiente de vidrio, incienso y un cuenco de agua en el que hayas disuelto un poco de sal. Añade flores frescas para que representen la perennidad de la diosa.

Cuando comience el parto, pide a alguien que camine con el cuenco alrededor de la habitación, en sentido opuesto a las agujas del reloj, rociando el suelo y las esquinas con el agua salada. Si a esa persona no le importa hacer invocaciones, podría decir: «En nombre de Lucina, que esta habitación se purifique de toda negatividad». Dile que lo repita muchas veces. Enciende la vela y el incienso. Tus amigos estarán demasiado ocupados para mantener el incienso encendido. Sin embargo, es probable que la vela arda durante todo el parto. Descruza las piernas y abre las puertas de la habitación.

No te olvides de la diosa cuando haya nacido el niño. Da las gracias a Lucina, la diosa de la natalidad. Gran parte de la relación que mantengas con tu hijo tendrá lugar en tu dormitorio. Muchas mujeres ponen la cuna cerca de su cama los primeros meses. Aunque el bebé tenga su propia habitación, quizá quieras llevarlo a tu dormitorio para darle el pecho. Puedes amamantarle sentada, pero estarás más cómoda si te tumbas en la cama. Si le das el pecho en tu habitación, procura tener siempre flores frescas. También debes retirar de ella cualquier recipiente con agua turbia, por ejemplo un vaso de agua de varios días. Las almas de los muertos se quedan atrapadas en el agua turbia.

Además de satisfacer a los bebés, la leche materna tiene muchas aplicaciones mágicas. Las madres que amamantan a sus hijos están directamente relacionadas con la diosa; son imágenes vivas de la Madre que nos alimenta.

Por esa razón, se considera que la leche materna tiene efectos protectores. En Hungría se utiliza para hacer *pogacsa*, un tipo de pan especial. Durante la primera guerra mundial, los soldados llevaban trozos de *pogacsa* cuando iban al frente para estar protegidos, y se dice que este pan salvó a mucha gente en situaciones extremas. Por lo general, en estos relatos moría todo el mundo excepto el que poseía el preciado talismán, porque la leche materna protege de la muerte. También se usaba como medicina para curar los trastornos oculares y las infecciones de oídos de los bebés. Y antes de hacer la recolección en primavera, se solían rociar las semillas con leche materna para que hubiera una buena cosecha.

6. *Para confortar a un moribundo*

Aunque preferiría no hablar de la muerte en un libro que celebra el amor y la pasión, en algunas ocasiones la muerte entra en el dormitorio. De hecho, si tenemos suerte, moriremos en nuestra cama rodeados de nuestros familiares.

Si alguien lleva mucho tiempo debatiéndose entre la vida y la muerte, enciende velas de color naranja a su alrededor para estimular la fuerza de la vida. Enciende también una vela blanca para atraer la bendición de los ángeles. Una persona que está preparada para morir debería relajar su mente y comprender que su vida está conectada con la siguiente. En realidad la gente no se muere; simplemente pasa a otro plano, desde el cual vela por nosotros. Los moribundos tienen que acabar muriendo, y cuando llegue el momento debemos dejar que alcancen su destino.

Cuando un ser querido esté a punto de morir, reúne a la familia a su alrededor y emitid un suave murmullo uniforme. Mientras hacéis vibrar las cuerdas vocales, debéis enviar vuestra energía hacia la parte superior de la cabeza, como si hicierais vibrar el cerebro. El moribundo podrá sentir este sonido íntimo y reconfortante aunque ya no le lleguen las palabras. Pon su música favorita. Agárrale de la mano. Llora si te apetece, pero en silencio; si esa persona ve que los demás sufren sentirá lástima por ellos, y se prolongará el proceso de abandono.

7. *Para purificar a un moribundo*

Llena un cuenco con agua fresca y echa en él un poco de sal. Pon las manos sobre el agua, proyecta en ella tu energía vital y di:

> *Ésta es el agua de la vida,*
> *ésta es el agua de nuestro llanto,*
> *purifica todo lo que toques.*
> *Líbranos de nuestros temores.*

Ahora sumerge una flor en el cuenco y agítalo sobre la persona que se esté muriendo mientras la rocías con agua. Di:

> *Bendito seas a los ojos de tu Madre;*
> *bendito seas ante tus hijos;*

bendito seas en todos tus actos;
bendito seas en el trance final;
bendito y purificado seas.
No hay dolor allá donde vas;
no hay tristeza donde te esperan;
sólo hay alegría por volver a casa;
sólo hay dicha por haber llegado.
(Repítelo tantas veces como quieras)

Cuando veas que esa persona ha abandonado su cuerpo, no profieras gritos de dolor cargados de energía negativa. Tranquilízate. Deja que su alma, que ahora es como la de un niño, encuentre su camino en silencio. Si los seres queridos le molestan con sus lamentos, el viaje será más difícil y peligroso. Mantén la calma. Reza si quieres. Apaga las velas, porque la llama puede atraer el alma de esa persona hacia su cuerpo. Para asegurarte de que todo el mundo acepta este fin (incluido el difunto, que quizá no sepa que ha muerto), cubre todos los espejos con telas blancas, pon las fotografías de cara a la pared y tapa los muebles.

En Hungría, los amigos y familiares organizan una fiesta en honor del fallecido para entretenerle, y le llevan vino y comida. Todos hablan de la persona que ha muerto y se comportan como si estuviera presente. Una vez concluida la fiesta, dan la comida del difunto a los animales y echan el vino al campo para que lo reciba la diosa Tierra.

8. Aniversario

Cuando alguien se muera, cuenta cuarenta y nueve días a partir del deceso y marca la fecha en el calendario. ¿Por qué cuarenta y nueve días? Las brujas y los monjes tibetanos creen que los muertos duermen ese tiempo después de morir. Y que entonces se despiertan y comienzan una nueva vida espiritual. Cuando pasen cuarenta y nueve días debes celebrar una antigua fiesta romana: una *parentalia*. Prepara una fiesta para la persona muerta e invita a todos aquellos que la apreciaban para que puedan hablar de ella. Será una ocasión especial para recordar y lamentar su pérdida.

En esta fiesta se celebra la entrada del espíritu en el nuevo mundo y, como cualquier aniversario, se puede celebrar todos los años. Ese día debes encontrar tiempo para sentir dolor y manifestar tu pena. Las lágrimas nos ayudan a dejar partir a los seres queridos. La muerte es un proceso de transición, un viaje de vuelta a los orígenes, donde pueden descansar o reencarnarse en otro cuerpo. Recuerda que la pérdida es sólo temporal. Sobre la entrada del cementerio donde está enterrada mi madre hay un rótulo que dice: «Todos volveremos a encontrarnos».

Ahora ya no pienses más en la muerte.

Confidencias íntimas

Esta noche, susurra al oído de tu amante que quieres que vuestros cuerpos se fundan en uno.

70

Dile que quieres comunicarte física y verbalmente al hacer el amor. Tu compañero es fuerte y apasionado; esta noche, tu misión consiste en comunicarle tus deseos: ponte cómoda, relájate y disfruta.

Noche del miércoles: la postura del misionero

Aunque la postura del misionero es la más básica y la que se utiliza con más frecuencia en las relaciones sexuales, no tiene por qué ser aburrida. Puedes hacer que resulte creativa y excitante. Es la postura en la que el hombre se coloca cara a cara sobre la mujer. Es la postura de John Wayne, satisfactoria y respetable, con un estatus reconocido. En mi opinión no tiene ningún defecto; a mí me gusta.

Sentirse presionada contra las almohadas es una sensación maravillosa. De ese modo puedes ver la cara de tu amante mientras gozáis el uno del otro. Una de las ventajas de esta postura es que favorece la comunicación: os podéis mirar directamente a los ojos, susurrar cosas al oído o mordisquearos el cuello o las orejas. Aunque no habléis durante el acto sexual podéis expresar vuestros sentimientos. Hay tantas posibilidades con esta postura que el placer no tiene límites. Los labios se besan, los cuerpos se entrelazan, los genitales se acoplan como dos mitades que forman un todo. Cuando te envuelva el cuerpo de tu amante, la postura del misionero te parecerá mucho menos limitada. Utiliza tu imaginación. Si introduces pequeñas variaciones conseguirás unos efectos extraordinarios.

La postura del misionero es excelente para aumentar la fertilidad. Celebra la capacidad de procreación de nuestros cuerpos, la transforma en juego y placer y de hecho funciona. Los niños siguen viniendo.

Sexualmente somos una especie muy productiva; nuestra capacidad de quedarnos embarazadas cada mes hace que nuestro número aumente. Estamos en todas partes. Sin embargo, los científicos han tardado mucho tiempo en hacer el recuento y llegar a una importante conclusión: somos demasiados. La solución para este problema es muy simple: la maternidad debe ser una opción y no una imposición. De esta manera en el mundo sólo habría niños deseados. No todas las mujeres necesitan ser madres. Y si una mujer es feliz con su sexualidad transmitirá alegría a su familia.

Esta noche, podéis iniciar la relación amorosa con unas caricias no sexuales. Siempre es agradable que te acaricien la espalda. Acariciaos la espalda el uno al otro durante un tiempo establecido; es lo más justo. Luego siéntate, mira a tu amante a los ojos y traza el perfil de su cara. ¿Cómo la esculpirías en arcilla si tuvieras los ojos vendados? Dile a tu pareja cómo percibes su cara y deja que haga lo mismo con la tuya.

Después de una larga sesión de caricias sensuales, haced el amor muy despacio en la postura del misionero. Da instrucciones a tu pareja. Comunícate con claridad y pasión. Si quieres que te toque en una zona concreta, díselo. Si quieres que vaya más rápido, házselo saber. Y si algo no te gusta, dilo también. Procura ser amable. Tu sinceridad y tu delicadeza serán recompensadas con amor y satisfacción.

Sexo en solitario

Si por una u otra razón estás sola no debes preocuparte. Es posible que no tengas pareja, que tu amante esté lejos, que no vivas con él o que no esté en casa hoy. No pienses que por estar sola no puedes sentir placer. Aunque quizá te parezca una tontería, esta noche te sugiero que escribas una carta apasionada a tu amante imaginario o ausente. Intenta ser sugerente y descriptiva. Puede que nunca hayas imaginado que harías algo así, pero ¿por qué no lo intentas? Utiliza un papel bonito con un aroma agradable. Escribe una carta que puedas releer otras noches cuando estés sola. Así recordarás que eres una amante imaginativa. ¿Quién sabe? Tal vez cuando tengas un amante quieras compartir con él este secreto personal. Y si tu compañero no está en casa esta noche tampoco es una mala idea escribir una carta de amor.

También puedes llamar por teléfono a tu amante para comunicarle tus deseos sexuales. Te quedarás sorprendida de lo fácil que es hablar de los deseos más íntimos por teléfono. ¿Por qué no dramatizas verbalmente tus fantasías? Haz la llamada desde tu dormitorio o desde un lugar donde puedas estar completamente relajada y no tengas que preocuparte por nada. Asegúrate de que no hay nadie más en la línea cuando llames. Si no te sientes cómoda, tu Mujer Salvaje no se pondrá al teléfono.

73

Relato nocturno: Diana y los niños

Hace mucho tiempo, en una región del sur de Europa, hubo una larga y violenta guerra civil. Y dos hermanos, un niño de cinco años y una niña de siete, se quedaron huérfanos sin que nadie lo supiera. En su vieja casa había un inmenso jardín, en el que Lisa y Marcus buscaban comida.

Pero allí no había nada, excepto una bonita estatua de la diosa Luna, Diana, con una medialuna en la frente y el arco y las flechas en la mano.

—¡Es tan hermosa! —dijo Lisa suspirando—. Vamos a traerle flores.

Y los dos niños recogieron las flores más bellas que pudieron encontrar y las pusieron a sus pies.

La diosa se sintió conmovida por su necesidad, y cuando volvieron al día siguiente encontraron fruta fresca, verduras, pan y una liebre muerta.

Desde entonces le hicieron una ofrenda diaria, y la diosa les alimentó todos los días. También se ocupó de vestirlos, y crecieron sanos y felices.

Pasado algún tiempo la situación mejoró, y la gente regresó a sus hogares. Un día los niños decidieron ir al pueblo. Cuando explicaron cómo les había cuidado la diosa, todo el mundo se quedó maravillado. Su historia se extendió por toda la región, y la gente comenzó a visitar la estatua y a hacer sus propias ofrendas. El pequeño jardín se convirtió en un santuario bien atendido, y se decía que era el más bello y fructífero de la zona.

Un día llegó un sacerdote para ver qué ocurría. Comprobó que la casa estaba en orden y que los jóvenes eran educados y respetuosos. Después bajó a ver la estatua de la diosa, y en un arranque de celos cogió una col que crecía en el jardín, la untó de barro y se la lanzó a la diosa.

—¡Aquí está tu ofrenda, Diana!

Entonces dijo una voz desde los arbustos:

—Has hecho tu ofrenda. Puedes estar seguro de que te la devolveré como mereces.

Aquella noche el sacerdote soñó que le oprimía algo muy pesado. Se despertó asustado y vio sobre su pecho la cabeza de un hombre que había enterrado una semana antes. Se asustó tanto que le dio un ataque al corazón y murió.

El santuario de Diana siguió siendo un lugar de curación durante siglos, hasta que la Iglesia, como hiciera con el resto de los santuarios, ordenó destruirlo.

Basado en una historia de *Aradia: Gospel of the Witches*, de Charles G. Leland

Jueves por la noche
Organización de tu vida activa

La energía de la noche del jueves

La noche del jueves es una noche muy especial. Si durante el día has hecho algo positivo para organizar tu vida, has aprovechado bien el tiempo. Hay una gran cantidad de detalles que debes tener en cuenta. ¿Cómo? Además de organizarte en el trabajo, al llegar a casa tienes que ocuparte de otras cosas. Ahora que está a punto de terminar la semana laboral, pon tus asuntos en orden. Por ejemplo, puedes pagar las facturas para no tener un informe de crédito negativo.

Utiliza las noches de los jueves para hacer algo de provecho. Quizá te apetezca ordenar y limpiar tu dormitorio. Sin saber cómo, en poco tiempo todo está hecho un desastre. No te agotes limpiando, pero haz lo necesario para que la habitación tenga un nuevo aspecto. Recoge la ropa sucia que has dejado en la silla o tirada en el suelo. Sin esforzarte demasiado conseguirás que todo esté más limpio. Si no has hecho la cama antes de ir a trabajar, hazla ahora. Dentro de un rato, cuando vayas a acostarte, te alegrarás de entrar en una cama recién hecha.

Si te estabas preguntando qué noche debías organizar una cena, hoy es el día. Todo lo que hagas esta noche será perfecto. Tendrás la comida y el ambiente adecuados, y estarás de buen humor. Sólo queda un día para el fin de semana, y tus invitados sentirán esa energía positiva. Invita a una persona nueva y amplía tu círculo de amigos. La del jueves es una noche para la opulencia. Ponte algunas joyas. Si no te sientes con ánimos para dar una fiesta, ¿por qué no quedas con un amigo?

El jueves debes organizar también tu calendario social. Si tienes que hacer alguna llamada, coge el teléfono. No evites los compromisos sociales, románticos o de cualquier otro tipo. Después de faltar a unas cuantas citas, tus amigos comenzarán a olvidarse de ti.

Significado de la noche del jueves

El jueves toma su nombre de Thor, el dios escandinavo del trueno. Thor era grande y poderoso, y tenía un apetito feroz, difícil de satisfacer. Quizá fuese un poco lento para pensar con lógica, pero su fuerza era impresionante. Aunque se enfurecía enseguida, era fácil de complacer. Siempre llevaba su martillo mágico, llamado Mjolnir, y cuando lo usaba hacía que los relámpagos brillaran y los truenos estallaran. Pero no debes tener miedo a las tormentas; recuerda que es Thor que está jugando con su martillo. Naturalmente, puedes fingir que estás asustada para que tu amante te rodee con sus brazos y te proteja, aunque no sea cierto.

Thor suele estar asociado con la fertilidad. El martillo era un símbolo de su fuerza, pero no siempre lo usaba de forma agresiva para provocar el fuego divino o la lluvia; también lo empleaba para salvar vidas y para crear nueva vida. El martillo es un símbolo fálico, y representa la devoción de Thor por la fertilidad. Cuando arrojaba su martillo, volvía a él como si fuera un bumerán.

El jueves te aportará protección, equilibrio y fortaleza; esta noche te sentirás segura. Quítate la máscara y deja que los demás se acerquen a ti. No ocultes tu lado dulce y sensible. El jueves te sentirás segura y equilibrada.

La diosa de la noche del jueves: Nut

Nut, la poderosa diosa de las estrellas, se suele representar desnuda, de puntillas sobre la tierra y con el cuerpo arqueado para tocar el horizonte con las puntas de los dedos. Se dice que se tragaba al sol todas las noches y lo paría de nuevo por la mañana. En Egipto era la autoridad suprema: todos los faraones aseguraban que eran sus hijos, o al menos sus amantes. Daba vida proporcionando alimentos, hijos y riquezas, y regulaba la sangre del vientre materno. Vivir entre los muslos de Nut significaba no tener enemigos, una situación envidiable.

Los sueños, las vigilias nocturnas y la menstruación son rituales en honor a Nut. La siguiente oración es para ella. Enciende una vela de color púrpura, quema un poco de incienso y di:

Soberana
madre primigenia,
lago divino,
puerta sagrada.
Creadora de dioses,
fuente de las profundidades,
sé mi guardiana,
permanece a mi lado.
Neter-Khertet,
Nut,
estrella de la noche,
protege a tu hija,
bendice lo mío y a mí.

Contempla el cielo infinito; aunque esté nublado, ella estará allí. Cuando sientas su presencia, pídele que te conceda sueños importantes y reparadores. Los sueños significativos representan un tercio de nuestra vida, en el que somos todos iguales. En los sueños nadie es rico o pobre, tonto o listo, gordo o delgado. Cuando dormimos todos somos igualmente vulnerables. El sueño es un gran ecualizador.

Los sueños más agradables que he tenido son los que me suceden justo antes de recuperarme de una gripe u otro trastorno. Normalmente veo un árbol reluciente (no un arbusto en llamas) y me siento muy ligera. Tanto, que soy capaz de volar por el aire. Los vuelos de esas noches, además de renovar mi alma, estimulan mi creatividad. En el sueño veo mi nuevo libro ya terminado incluso antes de que lo escriba. Es muy divertido, y me anima a realizar el trabajo con ilusión.

Oración a la luna

La noche de la luna llena ninfa (véase el capítulo del lunes), debes honrarla quemando un poco de incienso: salvia, ámbar, olíbano, mirra, hierba santa, artemisa o sándalo. Estos aromas han llevado oraciones a la luna desde la antigüedad, y saben cómo traspasar el velo y ponerse en contacto con los dioses.

Enciende también una vela blanca y susurra sobre el humo del incienso:

Madre diosa, en tu juventud,
bendíceme y dame suerte,
como yo te bendigo a ti.
(Repítelo tres veces)

Naturalmente, puedes hablar y rezar a la luna todo lo que quieras. Ésta es una buena oportunidad para pedirle un sueño especial. Los sueños son visitas que hacemos al otro lado para ver aspectos de la realidad que permanecen ocultos cuando estamos despiertos.

Mi madre soñaba con los muertos todo el tiempo; se le aparecían por la noche y le daban mensajes para los vivos. Una mañana, salió de su habitación moviendo de un lado a otro la cabeza y dijo:

—He visto a Karoly esta noche, y cuando le pregunté: «¿Qué estás haciendo aquí? ¡No te has muerto aún!», él me respondió: «Sí, Masika. Morí el domingo. Por favor, dile a mi mujer, Klara, que tenía algo de dinero en la caja fuerte del almacén. Quizá lo necesite». Voy a llamarla ahora mismo.

Efectivamente, Karoly había muerto, y Klara se sintió aliviada al saber que su marido seguía pensando en ella y que estaba vivo en un mundo invisible.

Durante el ritual, puedes pedir a la luna que te ayude a soñar con tus antepasados. Después de las oraciones apaga la vela (o deja que se consuma si está en un lugar seguro). Puedes usar la misma vela las tres noches o una cada día. La segunda noche, enciende la vela y el incienso, mira a la luna y di:

Madre diosa, en tu gloria,
haz que tu poder depure mi ser.
Purifícame y bendice nuestra humanidad
desde el manantial de tus bendiciones.
Concédenos los tres dones sagrados:
salud, riqueza y sabiduría.
Gracias por todos tus favores.
¡Me bendices como yo te bendigo!

Para saludar a la luna llena reina la tercera noche, enciende una vela blanca, quema un poco de incienso y mira a la luna. Esta vez debes decir:

Madre diosa, salvia sagrada,
sé bondadosa mientras la luna mengua,
y bendice nuestra humanidad.
Protege a los muertos y a los vivos.
¡Me bendices como yo te bendigo!

Ahora podrás hacer frente a tu vida con fuerzas renovadas. Si rezas a la luna con regularidad, tu espíritu se llenará de energía.

Ambiente de la noche del jueves

La música crea una atmósfera especial que puede alterar los sentimientos de quienes la escuchan. La gente reacciona de forma diferente ante una u otra voz. ¿Tenéis tu amante y tú una canción o un grupo favorito que os guste escuchar juntos? ¿Por qué no pones esta noche tu disco preferido en tu dormitorio?

Aunque tengas un estéreo en la sala, necesitas otro para tu habitación; a veces no se da a la música la importancia que merece. Si no tienes un casete puedes usar una radio, pero recuerda que en las emisoras suele haber muchas interrupciones nada románticas. Intenta buscar una emisora en la que sólo pongan música. A la Mujer Salvaje le gustan las canciones con mucho ritmo; la animan y la incitan a moverse. Comienza dando golpecitos con los pies y acaba contoneando el cuerpo. La música estimula el movimiento, y el baile puede ser una actividad muy sensual. Al bailar en público o en tu dormitorio con tu pareja te sentirás más cerca de él. Esta noche saca partido a la música en tu habitación. Sube el volumen y baja la intensidad de la luz.

 ## *Flores de Bach para la noche del jueves: sauce y avena silvestre*

¿Eres escéptica o melancólica por naturaleza? ¿Nunca eres el alma de las fiestas? Entonces deberías probar la esencia floral de sauce. El sauce es para la gente introvertida que da muchas vueltas a los problemas. Si tomas unas cuantas gotas de sauce tres veces al día te librarás también de los sentimientos de ira contra el mundo que quizá albergues en tu mente.

El éxito de tus planes personales y de tu vida amorosa depende de tu clarividencia, de tu capacidad de concentración y de tu buen juicio. Cuando atravieses un momento difícil deberías probar la esencia floral de avena silvestre. Tómala cuando te sientas perdida, cuando quieras hacer algo que te satisfaga pero no sepas cómo, o cuando te parezca que no has encontrado aún tu camino. También puedes tomarla si te agobia la perspectiva de buscar a esa persona especial. Todos estos sentimientos se curan con avena silvestre.

Baño para la noche del jueves: la importancia del dinero

El color mágico para el baño de la noche del jueves es el verde. Si utilizas los siete Baños Sagrados (que se venden en tiendas de artículos de ocultismo) te sumergirás en un agua oleaginosa de un verde intenso. Este baño causará una profunda impresión a tu lado salvaje, porque no es nada habitual. (También dejará un gran cerco en la bañera, pero merece la pena.) Cuando uses aceite de baño verde parecerá que se ha metido en el agua un dinosaurio. Si enciendes una vela verde —o mejor tres— puedes hacer la siguiente invocación monetaria mientras te bañas. También deberías quemar un poco de incienso verde.

Esta meditación tiene un efecto relajante. Recuéstate en la bañera y piensa en tus propios bienes. Céntrate en el problema y averigua por qué no tienes dinero. Piensa cómo puedes solucionarlo. Tu reflexión puede incluir ideas políticas, que pasarán a formar parte de tu actividad mágica. Ten en cuenta, por ejemplo, que las mujeres no son pobres porque valgan menos que los hombres, sino porque viven en una sociedad patriarcal que no las valora. En una estructura patriarcal, las mujeres reciben mucho menos que los hombres. Y no hace mucho tiempo no recibían nada. A comienzos de siglo obtuvieron por fin el derecho a administrar sus bienes, que antes debían ceder a sus hermanos, padres o maridos.

Después de reflexionar durante un rato, repite una frase que te parezca sagrada. En muchas religiones se usa la repetición para grabar imágenes y mensajes en la mente. Algunas repeticiones se emplean para concentrarse, mientras que otras sirven para enviar vibraciones a los dioses. Las brujas alteran la realidad con versos; la mente mágica capta nuestras órdenes si las ponemos en verso. El lado salvaje se manifiesta de forma improvisada. Los versos son divertidos, unas veces absurdos y otras terriblemente serios. Intenta expresar tus ideas en cuatro versos, aunque puedes llegar hasta ocho si es necesario. No hace falta que seas muy precisa con la rima o los términos; basta con que los versos tengan una rima asonante para imprimirles una cadencia musical. Éste es uno de los poemas que yo suelo utilizar.

Dame prosperidad
y recibe mi bendición.
Ven a mí, bella deidad,
espero tu salvación.

He aquí otro poema que escribió mi amiga Diana:

Como agua que transita,
mi riqueza se multiplica...

Repite tu invocación monetaria tres veces, échate por encima agua verde después de cada repetición e imagina que te envuelve un rayo de luz verde y te cubre de riqueza.

Cómo hacer un talismán magnético

Comienza a hacer tu talismán la noche de luna nueva. Cose en una bolsa de seda amarilla hierbas con poder mágico: acacia, sagrada para los vientos y las bendiciones de los antepasados; rosa seca, sagrada para la diosa del amor; y trébol, que simboliza la abundancia. El color amarillo te ayudará a manifestar tus deseos, y la seda los protegerá. Recita sobre la bolsa tu poema después de modificarlo para que se ajuste a la situación. Quema un poco de salvia blanca u otra planta aromática y susurra lo que necesites sobre la bolsa mientras la pasas por el humo. Imagina que los espíritus penetran en tu bolsa mágica y bendicen su propósito. Mete en la bolsa una magnetita (un imán, que podrás encontrar en cualquier ferretería). Ciérrala y llévala siempre contigo en el bolso o en un bolsillo. Con este talismán atraerás la buena suerte y la protección de los vientos sagrados.

Invocaciones

1. Para conseguir protección

Esta invocación te protegerá contra cualquier tipo de enfermedad, accidente o ataque negativo. El modo más sencillo de realizar este conjuro, que se debe hacer desde la luna nueva hasta la luna llena, es utilizar humo de salvia. El humo que se obtiene al quemar salvia es estimulante y purificador. La salvia se vende en manojos de varas en la mayoría de las tiendas étnicas y de ocultismo. Sal a la calle, enciende una varita de salvia (sobre un plato resistente) y rodea tu casa y tu coche tres veces en el sentido de las agujas del reloj. Cada vez que des una vuelta improvisa una afirmación positiva. Puedes decir algo así:

Que mi casa esté protegida contra el mal de ojo; que la bendición de la diosa Luna brille sobre mi casa; que todo lo que hay en ella esté protegido contra cualquier tipo de enfermedad, accidente y acción negativa.

Después de rodear la casa por fuera tres veces, puedes recorrerla también por dentro. Detente en los puntos más vulnerables (las puertas y las ventanas) y procura que el humo llegue a todas las esquinas mientras expresas tus deseos de protección. Sé precisa; por ejemplo, si vives en una zona de terremotos, pide que los cimientos de tu casa se mantengan firmes. Cuando acabes, enciende una vela blanca y ponla en el altar. Así darás las gracias a los espíritus. Deja que arda durante una semana.

Los aromas purificadores que más se utilizan son la salvia, la artemisa, el sándalo, el olíbano y la mirra. El mundo invisible responde al humo, que aleja a los espíritus no deseados y apacigua a los que se quedan.

2. *Para superar el dolor de una ruptura*

Romper con alguien es muy difícil. Siempre hay dolor cuando una relación fracasa. Para ayudarte en este proceso, prueba el siguiente conjuro.

Cuando haya luna llena, escribe tu problema tres veces en una vela gris;

el gris es un color neutralizante. Puesto que tienes que escribir el problema tres veces, debes ser concisa; por ejemplo, pon sólo «divorcio», «abandono» o «ruptura». Busca un lugar tranquilo al aire libre donde puedas hablar directamente con la luna. Enciende la vela gris y dile a la luna cómo te sientes. Podrías comenzar de este modo: «Madre Luna, tengo el corazón partido; el dolor me acompaña en todo momento». Después cuéntale tu historia.

Haz una pausa y respira profundamente tres veces. Cada vez que cojas aire, procura sentir cómo te conecta con la vida. Ahora dile a la luna cómo te gustaría que fueran las cosas, pero habla de ello como si la situación hubiera cambiado ya. Di algo así: «El dolor me ha abandonado, y ahora tengo la energía necesaria para sentir respeto por mí y por los que me rodean. Gracias a ti he levantado la cabeza y me siento aliviada. Ahora soy capaz de seguir adelante». Sigue hablando hasta estar convencida de lo que digas. Luego tu corazón querrá librarse del dolor que siente. Y al final te darás cuenta de que es cierto. Te habrás librado del dolor.

Haz esto durante las tres noches de luna llena. La Madre Luna te escuchará y te ayudará en este difícil trance. Sé realista en tus peticiones y ten paciencia. Lleva un tiempo superar el dolor que se siente cuando termina una relación.

3. *Otro conjuro para hacer frente a una separación dolorosa*

Imagina que quieres que alguien salga de tu vida, pero sin sufrir. Quieres que la separación sea rápida y tranquila. Este conjuro te ayudará a romper con tu amante con un nivel mínimo de dolor. Pon dos velas en el altar —una para ti y otra para la persona a la que quieres olvidar— una frente a otra. Úntalas con aceite para olvidar, que podrás encontrar en tiendas de artículos de ocultismo. Escribe tu nombre en la parte posterior de una de ellas y el de la otra persona en la otra. Enciende las velas y un poco de incienso y piensa en vuestra relación y en lo que quieres aprender de ella. Separa las velas poco a poco durante tres noches seguidas. Cuando las separes cada noche, di:

Ardiente fue la pasión que ahora se ha apagado;
haz que (nombre) y (nombre) se alejen sin dolor,
y en adelante les una el fuego de la amistad,
en nombre de Sofía, diosa de la sabiduría.
¡Bendita sea!

Quema un poco más de incienso en honor de Sofía. El tercer día, cuando las velas se hayan derretido, recoge los restos y échalos en un caudal de agua corriente. No mirés atrás.

Confidencias íntimas

Esta noche, susurra a tu amante algo sorprendente. La sorpresa podría ser algo que ambos deseabais pero que no os atrevíais a mencionar. No te cortes. Sorprende a tu amante.

Noche del jueves: la mujer encima

Últimamente, en muchas películas, cuando una mujer aparece en la cama con un hombre, ella se coloca a horcajadas sobre él, probablemente para demostrar que es una mujer liberada. Esta postura responde a un deseo femenino común: el deseo de ser libre. Al reivindicar su sexualidad, ella controla el movimiento del pene y el ritmo del acto sexual. Las heroínas siempre aparecen encima en las películas; recuerda a Faye Dunaway en *Network. Un mundo implacable* y, más recientemente, a Sharon Stone en *Instinto básico*. Parece casi una obligación, pero ¿se ajusta a la realidad?

Cuando estés encima durante una relación heterosexual debes variar tu postura de vez en cuando. Si el hombre está tumbado boca arriba podrás moverte sobre su pene como quieras. Pero esto no significa que él deba permanecer pasivo (a no ser que se lo pidas).

Cuando la mujer puede moverse con más libertad, su Mujer Salvaje toma el control y puede emitir todo tipo de sonidos mientras está sobre su amante. Deja que gruña, gima, grite y exprese su naturaleza animal. Tu Mujer Salvaje te permitirá manifestarte tal como eres.

En las relaciones lésbicas siempre hay una mujer encima. Dos mujeres pueden hacer el amor juntas de un modo sublime y apasionado. Además de nuestro cuerpo, utilizamos nuestra mente para excitarnos. Nuestra personalidad puede servir de afrodisiaco. El único límite es nuestra imaginación. Usamos las manos para acariciar, la boca para hablar y dar placer, la lengua para lamer con ternura y celebrar la feminidad. Lo más importante son los sentimientos que compartimos. No hay normas establecidas para el amor entre mujeres.

Las relaciones lésbicas no se basan en un falo, sino en los sentimientos y en todo el cuerpo. El punto principal es el clítoris; no necesitamos un pene. Naturalmente, algunas mujeres deciden usar consoladores o vibradores para incrementar el placer. Las manos se convierten en una herramienta fundamental, que acaricia y aporta energía a la relación.

Lo esencial es la experiencia sexual completa, la satisfacción espiritual y emocional de la mujer, no un simple orgasmo. Y tras la relación sexual podemos disfrutar de nuestra agradable compañía.

Sexo en solitario

Ya hemos hablado de la feminización, pero puede que no sepas realmente cómo practicarla. Si vas a la sección de sexualidad de tu librería habitual, descubrirás libros fascinantes que te encantará leer. Quizá hayas encontrado allí *La diosa en el dormitorio*. La literatura erótica puede resultar estimulante. Lee este tipo de historias cuando estés sola; es posible que las fantasías y la vida amorosa de otras personas enciendan una chispa en ti. Y siempre es interesante saber qué hace otra gente en la cama. ¿Quién sabe? Tal vez te ayude a excitarte.

Relato nocturno: La princesa
de la piel de serpiente

Érase una vez una reina que decidió ir a pasear por su jardín cuando estaba embarazada. De pronto, vio entre los árboles una hermosa serpiente, de un verde dorado, que estaba enroscada en un tronco. A la reina le impresionó tanto la visión del espléndido animal que desde ese momento no pudo pensar en otra cosa.

Tres meses después dio a luz a su hija, una niña de cabellos dorados, que nació cubierta de piel de serpiente de cintura para abajo. La angustiada reina fue de un médico a otro, intentando buscar a alguien que pudiera quitar la piel que cubría a la niña, pero nadie pudo hacer nada. Todos los médicos estaban desconcertados con la peculiar situación de la princesa.

Un día, llegó una mendiga a las puertas del castillo y dijo que quería ver a la reina. Cuando entró en sus aposentos, la saludó con respeto.

—Buenos días a ti, buena mujer —respondió la reina—. ¿Qué te trae por aquí?

—He venido a pedir leche y un poco de pan. No he comido en tres días.

La reina le ofreció inmediatamente un pastel de su mesa. Cuando la mendiga comenzó a comer el pastel, reparó en la niñita de cabellos dorados.

—¡Tienes una hija preciosa! —comentó la anciana—. Y seguro que también es inteligente.

—Sí —dijo la reina—. Es bella, inteligente y adorable. Pero tiene un problema. Está cubierta de piel de serpiente de cintura para abajo. Nunca podrá casarse.

—¡No te preocupes por ella! —dijo la anciana—. Cuando cumpla diecisiete años, te enviaré a un joven que también está parcialmente cubierto de piel de serpiente. Pero cuando llegue quiero que le encomiendes una misión. Tendrá que ir al jardín del rey Cobre y robar uno de los Tres Árboles Cantores de la Vida. Este árbol debe ser plantado bajo la ventana de la princesa. De ese modo desaparecerá la piel de serpiente que cubre a ambos.

Y con esto la mendiga dio las gracias a la reina por el pastel y la leche y prosiguió su camino.

Después de esperar con ansia, por fin llegó el gran día. Cuando estaban preparando la fiesta de cumpleaños llegó al castillo un joven —que evidentemente era un príncipe— y preguntó por la princesa.

—Estoy buscando esposa —dijo—. ¿Te interesaría casarte conmigo?

—No puedo casarme con nadie —respondió la princesa—. Estoy cubierta de piel de serpiente de cintura para abajo.

—¡Yo también! Una vieja mendiga me ha enviado aquí.

La reina, que estaba encantada, le dijo al príncipe lo que debía hacer para conseguir la mano de la princesa.

El príncipe se puso en camino y, tras muchas aventuras, encontró el jardín del rey Cobre. Pero estaba rodeado de un gran círculo de fuego. Mientras pensaba cómo podría atravesar el fuego, vio a un muchacho que jugaba al borde del camino.

—Si entras en ese jardín y me robas uno de los Tres Árboles Cantores de la Vida, el del centro, te daré un bonete lleno de oro —dijo el príncipe.

—Lo haré —replicó el muchacho—. Pero debemos esperar hasta las nueve, que es cuando las llamas son más altas.

Esperaron hasta las nueve mientras el fuego iba creciendo. Entonces el muchacho pasó por debajo de las llamas más altas, donde el calor era menos intenso. Encontró los Tres Árboles Cantores de la Vida, cortó el del centro y lo sacó deslizándose de nuevo por debajo de la llama más alta.

—¡Bien hecho, amigo! —dijo el príncipe. Y le dio al chico el oro que le había prometido.

Luego regresó al castillo a toda prisa y plantó con la reina el Árbol Cantor de la Vida bajo la ventana de la princesa. En cuestión de minutos, el árbol comenzó a cantar una bella canción. Cuando alcanzó su máxima intensidad, el príncipe y la princesa quedaron libres de la piel de serpiente. Entonces la reina se dio cuenta de que eran las dos *chicas*, detalle que la anciana no había mencionado. Sin embargo, hacían tan buena pareja que les permitió casarse aquella misma semana.

Y aún viven felices compartiendo su reino y visitando a su consejera mágica. Lo sé porque asistí a la boda y probé todos los exquisitos pasteles. La cerveza corría como el agua y todo el mundo se divirtió mucho bailando, incluida la vieja mendiga.

Viernes por la noche
Relájate y disfruta

La energía de la noche del viernes

Por fin ha terminado la semana y estás en casa. Esta tarde deberías echar una siesta de un par de horas para estar como nueva por la noche. Puedes tomar el baño habitual antes o después de la siesta. Sólo nos acordamos de nuestro cuerpo cuando algo va mal. No le damos las gracias por soportar nuestro estilo de vida: las malas comidas, la falta de ejercicio, las interminables horas de trabajo, todas las cosas que nos hacen daño. Necesitas una gran cantidad de energía para esta noche, y para el fin de semana que ya está aquí.

Significado de la noche del viernes

El nombre del viernes procede de Freya, la diosa escandinava del amor. A Freya le gusta todo lo que da placer, especialmente comer y hacer el amor. Si quieres que haya belleza y armonía en tu vida, invoca a Freya. Entre sus objetos preferidos se encuentran la ropa, las joyas y la artesanía.

Freya es también una diosa guerrera. Entraba en las batallas en un carro tirado por gatos, con una capa de plumas gracias a la cual podía volar. Es la diosa a la que debes invocar cuando tengas problemas amorosos o quieras expresar tu amor en canciones eróticas. Freya es una diosa muy sensual cuyos poderes pueden resultar útiles en cuestiones de fertilidad, muerte y brujería.

La diosa de la noche del viernes: Afrodita

¿Cómo podría escribir un libro sobre la diosa del dormitorio sin dedicar una noche a Afrodita? Una de las noches de la semana tiene que pertenecer a la diosa del amor y la sexualidad, la más venerada de todas las diosas.

Afrodita representa la belleza y la sabiduría. Normalmente aparece señalando sus genitales, la fuente de la vida. Es una diosa fuerte y musculosa, jamás sumisa. Todas las mujeres rinden culto a la diosa del amor. Muchas de ellas, incluida Safo, escribieron canciones amorosas a Afrodita. A Afrodita no le interesan el matrimonio ni los documentos legales. Une los corazones, pero no tiene nada que ver con el compromiso de los amantes. Algunas veces tira demasiado del hilo de los sentimientos, y puede ser muy dura si no se respetan sus reglas.

Afrodita recibe muchos nombres, pero uno de los más conocidos es el griego, Venus. Esta noche adórnate con alhajas de cobre. El término latino *cyprus* —del cual se deriva Chipre, la isla sagrada de Venus— significa cobre. Este mineral abundaba en Chipre, y se convirtió en el metal de la diosa. Si te cubres con el metal de Venus estarás irresistible.

Cuando quemes incienso en honor a Venus, te proporcionará felicidad, buenos partos y riquezas. También puedes colocar en tu altar la imagen de un cisne para complacerla; el cisne es un símbolo del amor sagrado para ella.

No olvides poner una flor especial en el altar para que la diosa sepa que estás pensando en ella esta noche romántica. Todas las flores son sagradas para Venus, pero ninguna representa el amor mejor que la rosa. Los romanos creían que la rosa era la flor de Venus.

Ambiente de la noche del viernes

Esta noche vas a estimular tu sentido del olfato. ¿A qué huele tu dormitorio ahora mismo? ¿Has abierto las ventanas para ventilarlo? ¿O huele a cerrado? El olor es muy importante; en tu habitación debe haber un aroma agradable y acogedor. En caso contrario no te apetecerá estar allí. El sentido del olfato es una parte fundamental de tu sexualidad. Tu amante tiene un aroma especial que te reconforta. Cuando hacéis el amor vuestros cuerpos sudan. Esa mezcla de sudores tiene también un aroma especial, que hace que la experiencia sea más excitante. Los aceites aromáticos potenciarán asimismo los aspectos olfativos de vuestra relación.

Tengo un secreto maravilloso que te ayudará a despertar los sentidos: el sándalo. Este aroma oriental es fresco e intenso, y recuerda a los bosques tropicales. El sándalo te ayudará a olvidar el estrés y la tensión de la semana; sus propiedades calmantes harán que tu mente y tu cuerpo se relajen. ¿Por qué crees que el aceite de sándalo es tan popular entre hombres y mujeres? Porque se ha utilizado durante siglos como afrodisiaco. Si te pones sándalo esta noche, enviarás el mensaje adecuado a tu amante.

Si estás ya relajada y lista para el fin de semana, bastará con que te eches tres gotas de cerillo o cedrón detrás de las orejas. Con sólo abrir un frasco de cerillo notarás una energía inmediata que te hará revivir. Es un aroma refrescante y estimulante. La esencia de cedrón es también suave y fresca, y  hará que te sientas como si te acabaras de levantar de una siesta. Estimulará tu energía y te ayudará a mantener los ojos bien abiertos ante una nueva oportunidad amorosa. El aceite de cedrón es también ideal para masajes.

Flores de Bach para la noche del viernes: carpe y manzano silvestre

Si estás agotada después de trabajar toda la semana, si no te apetece salir con tus amigos, si tampoco quieres quedarte en casa y hacer un ritual, deberías tomar carpe. El carpe te dará vigor y entusiasmo, y hará que te sientas optimista. Si tu amante se muestra cariñoso, pero lo único que te apetece a ti es hundir la cabeza en la almohada y descansar, toma carpe. Si has estado posponiendo algo durante toda la semana —comprar un regalo de cumpleaños para una amiga o uno de aniversario para tu pareja—, el carpe te ayudará a centrarte y a reunir la energía que necesitas para acabar con la tarea. Te recomiendo que te pongas seis gotas en la lengua tres veces al día.

Si te encuentras sin ánimos antes de la menstruación, si te sientes sucia, si no te gusta el aspecto que tienes, toma manzano silvestre. Este remedio natural es bueno para la gente muy sensible a la que le afectan todos los detalles de la vida diaria. Elimina los sentimientos negativos, nos ayuda a valorar nuestro cuerpo y fomenta el respeto y la autoestima, elementos esenciales para la salud mental femenina.

El mundo de los sueños

Si no tienes con quién pasar la noche, coge una libreta en blanco cuando vayas a la cama y déjala en la mesilla. Será el diario en el que registres tus sueños. Una vez que te prometas a ti misma anotar lo que sueñes antes de levantarte por la mañana, comenzarás a recordar más detalles. Para empezar escribe una breve oración a la luna en la primera página y pídele que te conceda sueños significativos. Hay muchos tipos de sueños. Algunos reproducen simplemente los problemas a los que hay que hacer frente cada día. Los sueños pueden ser instructivos, y a veces nos ayudan a encontrar soluciones. Además, los sueños proféticos nos permiten vislumbrar el futuro.

La noche del viernes es especialmente mágica, porque es la noche de la diosa. Si viviésemos en una cultura que venerase a Freya, no trabajaríamos este día. Antiguamente, las mujeres no usaban agujas ni cuchillos los viernes para no ofender a la diosa pinchando o cortando algo.

Baño para la noche del viernes: bendición

El baño del viernes debe ser rosa, el color del equilibrio y el amor. Para prepararlo echa en el agua el líquido rosa de los siete Baños Sagrados. También puedes utilizar otro aceite de hierbas que te haga sentir bien. Por último, enciende una vela blanca y quema un poco de incienso. Cuando te sumerjas en el agua rosada, contempla la energía estimulante que fluye por tu cuerpo. Siente la fuerza vital que restablece tus huesos, cansados de estar tanto tiempo delante del ordenador. Estira todo tu cuerpo, especialmente la espalda, dobla una pierna y apoya la rodilla contra el pecho. Permanece un rato en esta posición y luego repite el ejercicio con la otra pierna. Sumérgete en la bañera y di:

Bendíceme, madre, por ser tu hija.

Relájate y piensa en tu niñez. A los ojos de nuestra Gran Madre siempre somos jóvenes. Piensa en esta verdad y acéptala como tu estado natural. Esta madre espiritual nunca te abandonará. Nunca te quedarás huérfana. Siempre podrás acudir a ella y pedirle protección. Échate agua por la cabeza y di:

Bendice mi mente y líbrame de toda ansiedad, duda o temor.

Piensa en todos los mensajes negativos que te has dado esta semana. ¿Te has dicho a ti misma que eres una estúpida? ¿Que no vales para nada? ¿Que no tienes suerte? ¿Que eres aburrida? ¿Que estás demasiado gorda? Borra esos mensajes mientras te echas agua por la cabeza. Túmbate en la bañera y tócate los ojos. Di:

Bendice mis ojos para ver como tú.

Con frecuencia olvidamos que los ojos no son sólo las ventanas del alma; también son parte de nuestro cerebro. Lávate las manos y después bendice tus ojos colocando sobre ellos la parte inferior de las palmas. (Puedes hacerlo durante el día o por la noche.) Ahora relaja los ojos en la oscuridad y di:

Bendice mi nariz para que pueda oler tu esencia.

Sabes cómo hacer esto. Ya has olido el jabón y el humo del incienso. En el cuarto de baño percibimos muchos aromas. Incluso los olores corporales —la orina, las heces, la sangre de la menstruación— deberían agradarte, porque son parte de la vida, el resultado de determinadas funciones necesarias sin las cuales no tendríamos salud. Son las esencias de la vida.

Después piensa en otras cosas que podamos «oler», como el peligro o la dulce fragancia del éxito, y di:

Bendice mis labios para hablar de ti.

Tócate los labios. Esos son los labios que definen quién eres. Cuando dices tu nombre, pronuncias el nombre de una diosa. Cuando hablas de amor, es un regalo de la diosa. Cuando hablas con los amigos, compartes tu vida. Cuando enseñas algo a otros, la diosa habla a través de ti. Cuando hablas de la diosa, la estimulas en tu mente.

Mete las manos en el agua y míratelas. Di:

Bendice mis manos para que hagan tu trabajo.

En las manos tienes todo el poder. Sin manos nos resultaría muy difícil vivir, tocar a los demás, hacer el amor. Observa la línea de la vida (la que va de entre los dedos pulgar e índice hasta el centro de la palma). Tu mano es como un universo que contiene las constelaciones de tu destino.

Todos tenemos una meta que cumplir, una pasión que satisfacer, una razón para estar aquí. Cuando era joven me obsesionaba encontrar el sentido de la vida. Acudía a adivinos y echadores de cartas y siempre les preguntaba: «¿Qué estoy haciendo aquí?». Ninguno me decía: «Vas a viajar a California para establecer de nuevo la religión de la diosa».

Nadie sabe más que tú misma. Tu destino se encuentra en tus aspiraciones, en tus deseos. Incluso mi madre se sorprendió cuando intentó adivinar mi futuro; se acercó mucho. Y sé cómo habría reaccionado si alguien me hubiese dicho: «Querida, vas a fundar una nueva religión para las mujeres». No lo hubiera creído. En realidad, yo quería ser una gran novelista húngara. Pero sigo escribiendo otro tipo de libros.

Ha llegado el momento de que te bendigas el pecho. Esta parte es muy importante. Concéntrate y di:

Bendice mi pecho, símbolo de fuerza y belleza.

Tócate los pechos y examínalos con detenimiento. Los pechos son una señal de identidad para muchas mujeres. Sin embargo, hermanas, somos algo más. Se me parte el corazón cuando oigo que alguien se ha operado para tener los pechos más grandes o más pequeños. Estas mujeres pueden afirmar: «Siempre he querido tener más pecho». Pero lo que en realidad están diciendo es: «Siempre he querido que me quieran más».

Bendice mis genitales, que crean vida como tú has creado el Universo.

Decidas o no crear una nueva vida con tus genitales, sigues teniendo ese poder. Es el poder de una diosa, que crea vida de la nada. Las mujeres se convierten en diosas al engendrar vida y tener hijos. Las que deciden no ser madres son también diosas. Crean vida a su alrededor y hacen el amor.

Por último, di:

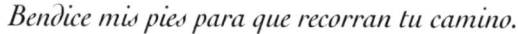

Bendice mis pies para que recorran tu camino.

¡Los pies! Nuestros pobres y maltratados pies. Mírate los pies. Cómprate unos zapatos cómodos para que no sufran. No te pongas tacones altos, por el amor de la diosa. ¿Has visto a algún hombre intentando meter sus pies en unos zapatos demasiado pequeños, con los dedos apretados y el talón comprimido? Seguro que no. Ten en cuenta las consecuencias físicas negativas de la moda y evítalas. Elige el camino de la belleza y la salud.

Sumérgete de nuevo en el agua y susurra:

Bendíceme, madre, por ser tu hija.

Ahora estás bendecida de pies a cabeza. Sécate, ponte un camisón limpio y vete a la cama sintiéndote protegida y segura.

106

Invocaciones para obtener placer y conservar el amor

1. Para sentir placer

Si quieres sentir placer tienes que dedicarle un tiempo. No es algo que se consiga de forma inmediata. Si no eres capaz de encontrar tiempo para el placer, entonces no te interesa realmente; no vale la pena que te molestes. Pero si estás dispuesta a hacer un pequeño esfuerzo, podrás experimentar todo tipo de vivencias, fantasías, sonidos, visiones y olores agradables.

Prepara un altar para Kali Ma, que en la doctrina tántrica es la fuerza de la vida. Utiliza tu imaginación. Adorna el altar con cosas atractivas. Busca un mantel de colores; pon un ramo de tus flores predilectas en un bonito jarrón; coloca unas velas rojas en tus candeleros favoritos. Busca una fotografía o un objeto que represente a Kali Ma. Puede ser cualquier cosa que te recuerde a la vagina de una mujer: una concha, una rosa abierta, medio higo maduro.

Cuando haya luna llena toma un baño purificador. Después vete desnuda hasta el altar. Quema un poco de incienso de salvia, sándalo, olíbano o mirra. Escoge algunos manjares —por ejemplo pasteles o panecillos— y ponlos en el altar. También se suele poner un cáliz con vino tinto. Si no bebes alcohol, puedes utilizar zumo de uva y modificar la invocación. Si tienes unas campanillas, ponlas también en el altar. A la diosa le gusta mucho el sonido de las campanillas.

Mientras inhalas el aroma del incienso, canta «Kali Ma, Kali Ma, me entrego al amor» hasta que notes que ha aumentado la temperatura de tu cuerpo. Coge la copa de vino (o zumo) y ofrécesela diciendo:

> *Como las uvas se transforman en vino,*
> *yo transformo la monotonía en placer.*
> *Al beber esta copa de vino,*
> *mi vida se llena con tu energía,*
> *mi fuerza vital crece y atrae tus placeres;*
> *Kali Ma, Kali Ma, Kali Ma, Kali Ma,*
> *me entrego a ti.*

Ahora ofrece la comida a Kali Ma. Toma un bocado y di:

> *Mientras pruebo esta deliciosa comida,*
> *tú la comes conmigo.* (Haz sonar la campanilla)
> *Mientras escucho este sonido,*
> *tú bailas conmigo.* (Tócate sensualmente)
> *Mientras me toco,*
> *tú me ofreces tu amor.*

Este ritual puede durar un buen rato. Tócate, pero sin llegar al orgasmo. Cuando creas que estás a punto, detente. Toma aire y centra tu energía en los genitales. Siente cómo se expande tu corazón con un torrente de energía vital. Repítelo tres veces y después date la satisfacción de experimentar un orgasmo.

2. *Para conquistar a alguien*

No seas tímida; ha llegado el momento de que hagas algo para conseguir a la persona deseada. Hacer un conjuro amoroso es una forma de abandonar la soledad. Consigue dos velas, una para ti y otra para tu verdadero amor. Elige colores atractivos; por ejemplo un rojo cereza, no un rojo apagado.

Escribe tu nombre en la vela que te corresponda con la espina de una rosa, y luego el de tu amado en la otra. Aunque no tengas en mente a una persona concreta, el conjuro puede funcionar; basta con que escribas en la otra vela las palabras *mi verdadero amor*. Con esto la diosa hará lo posible para encontrarte un amante. Coloca las velas a ambos lados de un altar o una mesa especial. Esta distancia representa el camino que debes recorrer para conseguir a tu amado. (Pon las velas sobre una bandeja de metal o papel de aluminio para evitar un incendio.) Enciende las velas y di:

> *Bendita seas, criatura de fuego.*
> *Bendita sea* (tu nombre) *y bendito sea* (nombre del amado). (Mira las llamas)

Quema un poco de salvia en un plato para crear el ambiente adecuado. Mira de nuevo las velas hasta que te sientas atraída por las llamas. El amor es fuego. Di:

Que la diosa del amor tome parte en este rito.

Después di:

En el nombre del radiante espíritu del amor, yo y (nombre) nos acercaremos en cuerpo y alma como se acercan estas dos llamas.

Mueve las velas para acercarlas un poco. Contempla el altar durante unos diez minutos e imagina que tu amante y tú os aproximáis el uno al otro desde el este, el sur, el oeste y el norte. Si tienes que dejar el altar, sigue pensando en las velas candentes. Una hora después, apaga las velas con los dedos tras pronunciar una bendición. Si soplas una vela para apagarla durante un conjuro puedes alejar tu suerte. (Pero no pasa nada si se hace en un maleficio.)

Repite el conjuro durante las tres noches de luna llena: ninfa, reina y hechicera (véase capítulo uno). Acerca las velas un poco cada noche hasta que se toquen y deja que ardan juntas. Cuando se hayan consumido, recoge los materiales de la mesa —las cenizas de la salvia, las flores con las que hayas decorado el altar y la cera— y mételos en una bolsa de papel. Después intenta buscar un caudal limpio de agua corriente, por ejemplo un río o el mar. No eches estos restos a un lago de aguas turbias o a un arroyo contaminado.

Di al agua: «Por favor, hazte cargo de esto por mí. Gracias». Después arroja los restos del conjuro al agua (¡no la bolsa de papel!), date la vuelta y no mires atrás. Esta parte tiene una gran importancia; aunque te asalte la tentación, no debes volverte.

Si haces bien este conjuro, conocerás a alguien antes de la siguiente luna llena. Hay otro aspecto de este conjuro que debes recordar: tienes que estar abierta al amor. Si la atracción se manifiesta y la persona que te interesa corresponde a tus sentimientos, tienes que darle una oportunidad. Pero también debes recordar que quizá no sea la persona que la diosa quiere para ti. Si eres generosa y das una oportunidad a quienes se interesen por ti, atraerás a más gente. La tercera persona será la que deseas. Con este conjuro la diosa beneficia también a otros.

3. *Para mantener un amor incondicional*

Supongamos que estás realmente enamorada. Te sientes bendecida y tienes abierto el corazón. No esperabas sentirte así, pero eres muy feliz. Habías renunciado a encontrar tu verdadero amor, pero se cruzó en tu camino cuando ya no lo buscabas. Este intenso amor te envuelve y te llena de dicha; es un amor para toda la vida.

Para mantener esta felicidad, enciende tres velas —una blanca, una rosa y otra negra— todos los meses cuando haya luna llena para dar las gracias a los hados. Sal a la calle y mira fijamente a la luna. Vuelve a casa, enciende las tres velas y di:

> *Los hados benévolos han bendecido mi hogar;*
> *los hados benévolos han bendecido mi corazón;*
> *los hados benévolos han bendecido a mis seres queridos.*

Se lo agradezco de todo corazón.
Doy las gracias a la diosa por mi vida;
doy las gracias a la diosa por mi amor.
Doy las gracias a la diosa por todas sus bendiciones.
Bendita sea.

Ahora quema tu incienso preferido.

Hazlo cada mes para demostrar tu agradecimiento por este amor incondicional.

4. Dos conjuros para retener a un amante en casa

Este conjuro es muy popular. A todas nos gustaría que nuestros amantes estuvieran más en casa. Si tienes un amante que pasa muy poco tiempo contigo, confía en una hierba llamada mate. Echa una cucharadita de mate en una taza de agua hirviendo y deja que repose. Añade un poco de miel y dáselo a tu amante para que lo beba. Si protesta («¿Qué es lo que quieres, matarme?»), utiliza tu astucia. Mezcla el mate con vino o café. Pero antes de ofrecérselo a tu amado susurra estas palabras por encima tres veces:

Corazón de fuego, semilla ardiente, que (nombre) *y* (tu nombre) *nunca se separen.*

Según dice la leyenda, sus deseos de ir de un lado a otro sin ti desaparecerán.

He aquí otro conjuro con el que podrás mantener a tu amante en casa. Si puedes conseguir leche de dos madres lactantes, mézclala con masa de pan.

Antes de hornear el pan, habla y reza sobre él. Describe tus intenciones en una breve oración rimada. Ésta es la que yo utilizo:

Mi amante es un fiel amigo,
aunque otras lo persigan.
Mi amante es feliz conmigo,
digan lo que digan.

Si das este pan especial a tu amado, se olvidará de cualquier otra amante que haya tenido. No hables nunca de este conjuro; si lo divulgas no surtirá efecto.

5. *Para que un amante sea fiel*

Los celos son una forma de impotencia. Si estás celosa, no pierdas el tiempo humillándote. Coge un puñado de tila, albahaca, arrayán, díctamo y clavo en polvo. Tritura bien la mezcla y quémala sobre carbón vegetal. Con este incienso también atraerás a un nuevo amante si estás sola.

Confidencias íntimas

Esta noche, habla en voz baja a tu pareja del papel que quieras representar. Dile: «Imagina que estamos en un concierto de Grateful Dead en un inmenso estadio. Todo el mundo está gritando. De repente, separados por cuatro filas de asientos, se cruzan nuestras miradas. Sin decir nada, ambos sabemos lo que queremos. Salimos con dificultad al pasillo, nuestras manos se tocan, y la electricidad es como el sonido de la guitarra. ¿Dónde podemos ir? Tambaleándonos de emoción nos dirigimos al pasaje desierto. En el estadio la multitud sigue gritando. Cuando la música llega al clímax, tú me empujas contra el duro cemento...».

Noche del viernes: ¿quién quieres ser esta noche?

Hasta ahora hemos hablado de la feminización, del sexo oral y de las relaciones sexuales en las que tú estás arriba o abajo. A pesar de las variaciones, el repertorio sigue siendo bastante clásico. Pero hoy es viernes; has descansado un poco después de trabajar toda la semana y mañana puedes dormir más. ¿Por qué no pruebas algo diferente?

Los niños descubren su identidad representando muchos papeles. Juegan a los disfraces, a médicos y a guardias y ladrones. Si creas nuevas situaciones en tu dormitorio descubrirás todo tu potencial erótico. No te avergüences. Las fantasías del tipo «yo Tarzán, tú Jane» existen. Todo depende de la imaginación y la creatividad que cada uno aporte. Déjate llevar. No tengas miedo de inventar tus propias fantasías. Pueden surgir de un libro que has leído, de una película que has visto o de una conversación que has escuchado en el autobús. Cualquier cosa puede ser una fanta-

114

sía. Utiliza tu imaginación y piensa en algo que te excite. Espero que tu amante participe en el juego de una forma activa. Cualquier cosa que se te ocurra puede ser divertida. ¿Quieres ser un espíritu invisible que surge en la oscuridad? Tu amante no podrá verte ni tocarte... lo único que podrá hacer es quedarse quieto y disfrutar de tu amor... ¿Qué le harías? Puedes llegar tan lejos como quieras, siempre que ambos estéis de acuerdo.

Sexo en solitario

Esta noche, toma el baño recomendado y bendícete de pies a cabeza. Después busca el placer en ti misma. Si tienes una ducha de hidromasaje con diferentes intensidades, utilízala para estimularte el clítoris. Una amiga mía se ríe siempre que le pregunto por sus duchas. El teléfono de hidromasaje es para ella una delicia. Si la ducha es fija, puedes disfrutar dejando que el agua caiga por todo el cuerpo. Quizá te guste sentir el agua sobre la vulva. Esta maravillosa sensación te relajará... y te excitará. Tú sabes qué te da placer. Aprovecha la hora del baño para explorarte y hacerte el amor.

Relato nocturno: El liderc

Los cuentos populares húngaros hablan de un ser fantástico llamado liderc, que toma la forma de un ave herida. Estas criaturas tienen una relación simbiótica con los humanos; sólo se activan con la compasión humana. Algunos dicen que los incuban los humanos, que llevan los huevos verdes debajo del brazo hasta que cambia la luna. Este huevo debe ser de un gallo, y el primero que ponga la gallina. Sólo así puede nacer un liderc. El liderc no es un súcubo, pero le atrae la gente solitaria. Estos individuos tienen deseos fervientes; tienen mucho cariño que ofrecer y necesitan amor y atención. Los lidercs funcionan mejor en una relación de codependencia. Y necesitan un dueño inteligente para que los utilice bien. Permanecen contigo hasta que te mueres, y luego buscan a otra persona.

Una noche de tormenta, una mujer, la señora Mihaly, miró por la ventana y vio a una criatura herida tirada en una acequia. Se apiadó de ella y la llevó dentro, la lavó y la secó junto al fuego. Cuando la criatura, que parecía un pollo viejo, recobró el conocimiento, comenzó a andar por la cocina gorjeando sin cesar. Finalmente, la señora Mihaly consiguió entenderle.

—¿Qué quieres que te traiga? ¿Qué quieres que te traiga? —repetía una y otra vez.

La señora Mihaly perdió la paciencia y dijo enfadada:

—¡Mierda!

Entonces el liderc —porque eso es lo que era— se sacudió, se convirtió en una bola de fuego con una larga cola, salió por la ventana y desapareció. Al cabo de un rato la señora Mihaly oyó un estruendo. Era el liderc, que volvía con algo marrón y apestoso. Cuando aterrizó, la casa se llenó de estiércol, y la señora Mihaly aprendió la lección. El liderc recuperó su aspecto de pollo desvalido y comenzó a gorjear de nuevo:

—¿Qué quieres que te traiga? ¿Qué quieres que te traiga?

Esta vez, la señora Mihaly ordenó al liderc que se llevara el estiércol. Después le dijo:

—Tráeme oro.

El liderc volvió a sacudirse, se convirtió en una bola de fuego con una larga cola y salió volando por la ventana. Poco después, comenzaron a caer piezas de oro sobre la señora Mihaly, hasta que acabó sentada en medio de una gran montaña de oro.

Al día siguiente se corrió la noticia de que había desaparecido todo el oro de las arcas municipales, y la policía estaba buscando al ladrón. No podían figurarse cómo había entrado, porque no había ninguna ventana rota y las cerraduras no habían sido forzadas. La búsqueda se prolongó durante mucho tiempo. La señora Mihaly sabía que aquél era el oro robado, y como no se atrevía a gastarlo comenzó a pasar hambre.

En casa, el liderc estaba muy satisfecho consigo mismo, pero seguía gorjeando a todas horas: «¿Qué quieres que te traiga? ¿Qué quieres que te traiga?».

La señora Mihaly decidió ser más práctica. Esta vez dio a la criatura una lista de comida.

—Tráeme huevos, un cerdo, una vaca lechera y verduras.

El liderc desapareció y pasado un tiempo regresó con todo lo que le había pedido. Pero la vaca pertenecía a otra persona, así como el cerdo. Y los huevos y las verduras habían sido robados en las tiendas de comestibles. Los vecinos, furiosos, se alzaron en armas para capturar a los ladrones que estaban saqueando la ciudad.

La señora Mihaly no se atrevía a salir. Estaba desesperada. Había oído hablar de un anciano que vivía en un pueblo cercano, y fue a verle. El anciano asintió con la cabeza.

—El liderc es un espíritu muy poderoso —le dijo—. No debería usarse para cometer robos.

—Sólo soy una pobre campesina —se lamentó la señora Mihaly—. No sé cómo usarlo. ¿Por qué no te haces cargo de él, ya que eres una persona espiritual?

—Muy bien —respondió el anciano—. Puedes intentar dejarlo aquí, pero no servirá de nada. El liderc está unido a ti, y volverá siempre a tu lado.

La señora Mihaly dejó al liderc con el anciano y regresó a casa. Pero cuando iba a abrir la puerta oyó dentro la consabida retahíla: «¿Qué quieres que te traiga? ¿Qué quieres que te traiga?».

Entonces comenzó a pensar en cómo podría librarse de aquella criatura. Lo dejó otra vez en la acequia, pero volvió a casa. Se lo vendió a una amiga, pero también regresó.

Finalmente, le dijo que devolviera el oro, la vaca y el cerdo y que le trajera alguna que otra cosa de vez en cuando para que al menos pudiese comer.

Y le ordenó que fuera muy lejos a buscar la comida. El liderc le traía cosas de países lejanos, y su situación mejoró. Pero fue a visitar de nuevo al anciano para ver si había encontrado una solución, porque ya no soportaba el incesante gorjeo del liderc.

—El liderc puede morir si le asignas un trabajo muy duro —dijo el anciano—. Si se le revienta un músculo en el intento, morirá.

Así pues, la señora Mihaly volvió a casa y dijo al liderc:

—Lléname el desván con trigo del otro extremo del mundo.

Cuando el liderc partió, hizo un montón de agujeros en el techo y en el suelo para que el trigo se colara. Pero el liderc era muy fuerte; cuando regresó, trajo tal cantidad de trigo que los agujeros quedaron tapados. Y él no sufrió ningún daño.

Sin embargo, ahora, con tanto trigo, la señora Mihaly era una mujer rica. Compró otra casa y mantuvo al liderc en la vieja. Y así es como vivieron, aunque con un gran resentimiento por parte de ambos. El liderc quería que la señora Mihaly le cuidara, le diera cariño y le pidiera cosas. La señora Mihaly echaba de menos su antigua vida, humilde pero tranquila.

Poco después la señora Mihaly cambió. Comenzó a rezar a la virgen, a visitar santuarios y a ayudar a los pobres. Usaba el liderc para acometer tareas imposibles: construir hogares para la gente sin techo, encontrar semillas que dieran más frutos. Y se convirtió en una gran benefactora de un orfanato. De hecho, realizó tantas buenas obras gracias al liderc que algunos la consideraban una santa, una gran salvadora.

Pero el clero estaba furioso. Los sacerdotes creían que recibía demasiados honores y atención por parte de los pobres, e intentaron destruirla. Por aquel entonces todo el mundo sabía que tenía un liderc. Un día, los sacerdotes decidieron que ya era suficiente y acusaron a la señora Mihaly de brujería. Era un cargo muy grave, por el que podía ser ejecutada. La encerraron en la torre y fueron a buscar al liderc para presentarlo como prueba. No les resultó difícil capturar al pobre animal. Cuando le llevaban al calabozo seguía gorjeando: «¿Qué quieres que te traiga? ¿Qué quieres que te traiga?».

Atada con cadenas, la señora Mihaly compareció ante el tribunal. Los jueces iban vestidos de negro, y estaban celosos y enfadados con ella. Fuera, la gente que la quería coreaba su nombre.

—Se te acusa de haber hecho un pacto con el diablo para conseguir a este liderc que te trae cosas —le dijeron los jueces.

—Nunca he visto al diablo —respondió la señora Mihaly—. Pero encontré a este animal, y le ayudé porque me dio pena. Y resultó ser un liderc. Al principio casi me arruina, pero después aprendí a usar sus poderes por el bien de todos, y ahora estamos haciendo buenas obras para los pobres y los niños necesitados. Jamás he sido tan feliz.

—¿Niegas que esta criatura cumpla todos tus deseos? —le preguntaron.

—No todos —replicó la señora Mihaly—. Sólo intenta ser útil.

—¿Niegas haber utilizado el poder del diablo para hacer todas las cosas que has mencionado? —inquirieron los jueces.

—Lo niego —dijo la señora Mihaly—. Los lidercs son unos espíritus difíciles, pero no son diablos. Son unas criaturas inocentes, y tienen buenas intenciones.

—¡Todos los espíritus que no han sido bendecidos por la Iglesia son diablos! —dijeron los jueces—. Te declaramos culpable de brujería. Tu castigo será la muerte.

La señora Mihaly sabía que si la condenaban nunca volvería a su casa.

—Liderc —gritó desesperada—. ¡Tráeme al papa! ¡Rápido!

El pollo se sacudió, se convirtió en una bola de fuego y, para sorpresa de todos los allí presentes, salió volando por la ventana.

Antes de que pudieran reaccionar, el papa apareció en medio de la sala, y la bola de fuego se convirtió de nuevo en pollo.

—¿Qué ha pasado? ¿Dónde estoy? —preguntó el papa.

—Excúsenos, santo padre —dijeron los sacerdotes—. Estamos juzgando a una bruja muy poderosa, y la hemos declarado culpable. Entonces ha enviado a su familiar a buscarle.

—¡Llévenme de vuelta! —ordenó el papa.

—¡Sólo la bruja puede hacerlo!

—¡Llévenme ahora mismo! —gritó furioso.

—¿Qué es lo que quiere? —preguntó la señora Mihaly, que no entendía italiano.

—Quiere volver a casa —dijeron los sacerdotes.

—Pregúntenle si él da a los pobres dinero, casas y comida —dijo la señora Mihaly.

Así lo hicieron, y el papa respondió que les daba todo lo que podía.

—Díganle que eso es lo único que he hecho yo —dijo ella.

—Pero no con tu propio dinero; has utilizado al liderc para hacer esas obras de caridad —replicó el papa.

—Y usted utiliza el dinero de la gente —respondió la señora Mihaly—. Los diezmos que le envían de todo el mundo. Si yo soy culpable, también lo es usted.

Los sacerdotes preguntaron al papa qué debían hacer con ella, y éste se quedó pensativo. La bruja *hacía* buenas obras; y era la única que podía enviarle a casa.

—Déjenla en libertad —dijo por fin.

Cuando le quitaron las cadenas dijo a su liderc:

—Lleva al papa a su casa y vuelve rápidamente para protegerme.

Eso era lo que el liderc quería oír, porque los lidercs necesitan deseos y sentimientos humanos. A cambio, te dan lo que les pides. Después de aquello, la señora Mihaly pasó mucho tiempo pensando en su liderc y contó a los ancianos lo que había aprendido, y así es como sabemos tanto de los lidercs hoy en día.

Una noche, la señora Mihaly vio en sueños a una diosa con dos antorchas, una apuntando hacia el cielo y otra hacia la tierra. La diosa estaba en una encrucijada, y la corona que llevaba tenía forma de luna. En el sueño, la diosa decía:

—El liderc es uno de mis hijos errantes, que salió de las llamas de mi antorcha. Déjalo envuelto en seda en el cruce del cementerio a medianoche. Yo lo recogeré.

Ahora la señora Mihaly sabía cómo deshacerse de su liderc, que era lo que había deseado antes de que empezaran a hacer obras de caridad juntos. Desde entonces bendecía al liderc por su generosidad. Pero después del sueño sabía que había llegado el momento de renunciar a él. Fue a buscar una tela de seda y envolvió en ella al pobre pollo.

—¡Adiós, liderc! Te devuelvo al lugar que te corresponde. Gracias por todo —dijo.

Y en ese momento el liderc se calló por fin. No hubo más gorjeos ni más retahíla: «¿Qué quieres que te traiga? ¿Qué quieres que te traiga?».

Cuando dieron las doce, dejó al liderc en el cruce del cementerio y se fue sin mirar atrás, aunque quería hacerlo. Según la leyenda, el liderc se marchó para siempre. Éste fue uno de los últimos lidercs que hubo en Hungría.

Sábado por la noche

Noche de fiesta
o velada en casa

La energía de la noche del sábado

Al pensar en el sábado nos vienen a la mente imágenes épicas. El sábado es un día especial; es diversión: películas, bailes, conciertos, fiestas, bodas y celebraciones de todo tipo. Y sobre todo citas. ¡Cuánta tensión acumulamos con las dichosas citas!

Cuando era jovencita, en Hungría, las chicas iban a que les adivinaran el futuro por la tarde. Luego se arreglaban el pelo y después salían a bailar. Eso era todo. Hoy en día, la vida social es muy complicada. Por ejemplo, hay mucha más presión para conseguir una cita. La sociedad ya no dispone de medios tradicionales para que la gente se relacione; no hay bailes populares, trabajos comunales ni casamenteras que conozcan a todo el mundo. Por otro lado, ahora tenemos acontecimientos culturales y clubs integrados por gente con intereses comunes. Y por supuesto los hados siguen uniendo a las parejas, a pesar de que la sociedad ofrece menos oportunidades.

125

Si quieres dar una gran fiesta el sábado por la noche, debes tenerlo todo previsto para el miércoles. En estos tiempos las reuniones sociales requieren una cuidadosa planificación; no puedes organizar algo en el último momento y esperar que la gente esté disponible. La gran mayoría parece tener mucha prisa para vivir la vida.

Si no vas a quedar con nadie, concentra esa energía en tu interior. Tu mejor amiga está dentro de ti. Las mujeres tenemos muy poco tiempo para centrarnos en nosotras mismas. Aprovecha la oportunidad el sábado por la noche.

Significado de la noche del sábado

Este día de la semana toma su nombre del planeta Saturno. Al dios romano Saturno le gustaba beber, cantar y pasárselo bien. Tal vez por eso la noche del sábado está asociada con la diversión. Hoy en día es probable que Saturno disfrutara en un disco-bar con karaoke. Y cuando sales a divertirte protege tu casa y tus posesiones.

La diosa de la noche del sábado: Trivia

Hablemos del Zen de las tareas domésticas. En el mundo de la brujería hay un refrán que dice: «Debes servir a la diosa Trivia antes para merecer los placeres restantes». Trivia está siempre presente en nuestra vida diaria ocupándose de los pequeños detalles: la lista de la compra, las facturas, los recibos pendientes. También preside el hogar y su mantenimiento. Se la venera barriendo, quitando el polvo, haciendo la colada, regando las plantas y sacando la basura.

En cierta manera, mantener la casa limpia no es una imposición machista. Las mujeres aprendieron hace mucho a potenciar su energía limpiando su hogar tanto física como espiritualmente. Me había dicho a mí misma que no haría nada en casa ni el sábado ni el domingo, pero aquí estoy, trabajando el fin de semana. Y me siento bien. Estoy limpiando porque es el momento adecuado; hay luna nueva, y su creciente energía hace que resulte más fácil (aunque hay quien dice que estas tareas se realizan mejor con luna menguante).

Cuando limpio, intento deshacerme también de mis residuos mentales. Mientras lleno la bolsa de basura voy identificando mis problemas: «Éstas son mis eternas dudas. Ésta es mi tendencia a posponer las cosas. Éstas son mis manías». Y me libero de todos mis problemas junto con la basura real. Después quemo un poco de incienso en casa para purificar el aire, y rezo para que mis antepasados me protejan y bendigan mi hogar.

Puedes descubrir muchas cosas analizando lo que debes tirar. Una vez limpié el trastero... y descubrí en él un mundo diferente. Encontré una bacinilla que mi gato, Pan, no había usado nunca porque aprendió enseguida a salir fuera. Pan tiene ya siete años, pero había guardado aquel recuerdo de su infancia. ¿Representaba algo para mí esa bacinilla? Pensé en ello y decidí que en ese caso había sido un lapsus. No servía para nada, de modo que la tiré.

Cuando hay luna nueva, veo con claridad lo que tengo que hacer.

Otro sábado por la noche limpié mi altar. No hice demasiado; simplemente recoloqué las estatuillas de mis diosas, quité el polvo y raspé los restos de cera. Y al terminar encendí una vela dorada para tener buena suerte.

Todas estas actividades son a la vez internas y externas. Algunas de nosotras meditamos mejor cuando estamos ocupadas. A muchas mujeres les gusta hablar mientras hacen punto. Y antiguamente descascarillaban maíz mientras se contaban historias, a través de las cuales reflexionaban sobre su vida. Sea cual sea la tarea, puede ser una oración si te ayuda a comprender los entresijos del alma.

No he pasado mucho tiempo limpiando este fin de semana, pero ahora me siento mejor, satisfecha y realizada. He rendido culto a Trivia.

Ambiente de la noche del sábado

Tu sentido del gusto puede ayudarte a crear un ambiente especial. Hay muchas cosas exquisitas que puedes probar: dulces, fruta fresca, el cuerpo de tu amante. Esta noche, aprecia el sabor de todo lo que te lleves a la boca. ¿Podrías describirlo? ¿Te recuerda a alguna otra cosa? ¿Puedes recordar un episodio de tu vida relacionado con este sabor?

¿Por qué no llevas parte de la cocina al dormitorio? (No te digo que traslades el microondas ni el frigorífico.) A tu Mujer Salvaje le encanta comer sabrosos manjares y beber agua fresca, vino o zumo. Pon cuencos de comida alrededor de tu dormitorio y en el altar. No te preocupes por las calorías esta noche. Prepara algo especial y comparte el festín con tu amado. Daos de comer el uno al otro. Muévete por la habitación, coge comida de los cuencos y pónsela a tu amante en los labios.

El sábado por la noche requiere una iluminación especial. Apaga las luces y enciende dos velas de almizcle. El almizcle tiene un aroma estimulante. Habrá tanta energía sexual en el dormitorio que no podrás dejar de probarla.

Flores de Bach para la noche del sábado: escleranto anual

Es sábado por la noche y no sabes qué hacer. ¿Prefieres salir con tus amigos o alquilar una película y quedarte en casa? ¿Quieres ir a un japonés o a un restaurante de comida casera? Si estás indecisa o tienes tantos cambios de humor que no puedes decidirte, te recomiendo que tomes escleranto anual. Si te lo estás pasando bien con alguien y de repente no le soportas, ponte tres gotas de escleranto anual en la lengua; te ayudarán a pasar la noche.

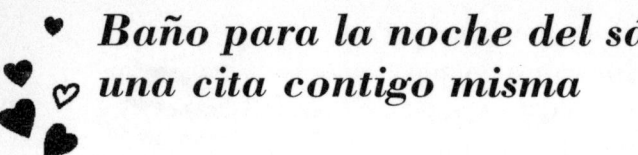

Baño para la noche del sábado: una cita contigo misma

Comienza el fin de semana con un baño purificador púrpura. El púrpura no es solamente el color del poder y el trabajo; también es el color del éxito y de la integración de las lecciones de la vida. Si te sientes confundida ante varias posturas contrapuestas, necesitas poner en orden tus ideas. Coloca una vela púrpura cerca de la bañera, relájate y deja que tus pensamientos fluyan como las aguas de un río, sin interferir en modo alguno. He aquí un ritual de purificación.

Quema un poco de incienso e imagina que vas a visitar un antiguo templo y a adentrarte en sus misterios. Recorres los pasillos de este templo imaginario hasta llegar a un salón de color púrpura, donde hay una reina sentada en un trono de amatista. Mientras te acercas a ella con respeto ves que va envuelta en una capa de seda púrpura. Ante ella, en el suelo, hay un cuenco grande con un líquido. Miras en su interior esperando ver tu reflejo, pero sólo hay una mezcla turbia. Vislumbras fragmentos de tu vida, pero nada tiene sentido. Ahora acércate a la reina, porque está diciendo algo muy importante para ti. Escucha. Después de oír su mensaje, vuelve a mirar en el cuenco. El líquido es transparente, y refleja tu alma. ¿Qué ves?

Ahora ponte desnuda frente a un espejo real, enciende dos velas y colócalas a ambos lados del espejo sin dejar de mirarte la cara. Al cabo de unos minutos comprobarás que la cara del espejo está cambiando. Verás que de repente es muy vieja o muy joven. Es posible que pasen ante ti a gran velocidad todas tus encarnaciones. O quizá te veas transformada en hombre. Sigue mirando cómo cambias y no te asustes. Recuerda que la vida es un hilo sagrado; nuestras existencias son las cuentas enhebradas en ese hilo. Todas ellas son diferentes y completas en sí mismas.

Permanece delante del espejo mientras sigan apareciendo imágenes. Cuando cesen deja de mirar. No vuelvas a hacer este ritual hasta que estés sola otra noche. Ahora vete a dormir.

Una velada en casa con tu amante

La cultura de nuestros antepasados contaba con medios realmente eficaces para propiciar situaciones favorables y unir a los amantes. Éstos son algunos ejemplos.

Té de ajenjo: Según dice la leyenda, si preparas un té de ajenjo y lo compartes con alguien, estimulará vuestras almas y unirá los corazones. En otras palabras, si no hay amor entre tu compañero y tú, podrás crearlo con una taza de té. Si estás casada o llevas mucho tiempo con tu amante y quieres dar un impulso a la relación, prueba este té y mira qué sucede.

Si espolvoreas esta hierba por debajo de la cama, atraerás a un amante. Es un método estupendo; no hacen falta citas ni llamadas de teléfono, sólo un poco de ajenjo. Si estás harta de los vivos, quema un poco de ajenjo y de sándalo en tu altar, reza para convocar a los espíritus, y las almas de los muertos vendrán al té. Pero debes tener cuidado. En el mundo de los muertos, como en el de los vivos, hay muchos oportunistas.

Éste es mi favorito. Sí, seguimos hablando del ajenjo. Si se añade a la comida, incluso la persona más frígida se convertirá en un amante apasionado. Este maravilloso remedio se usa sobre todo en Europa y Asia. Infórmate; las plantas de la familia de la artemisa tienen infinidad de aplicaciones. He aquí otras hierbas útiles:

Commiphora meccanensis (árbol de la mirra): En América y en Europa se dice que cuando alguien lleva siete semillas de esta planta en una bolsa de franela roja, se cura el mal de amores.

Trillium: Si pones un trocito de esta hierba en la comida de tu amado, se mostrará muy cariñoso contigo. No la utilices para atraer a alguien que esté ya comprometido si no quieres acumular karma negativo. La relación que establezcas también te partirá a ti el corazón.

Cimifuga: Si has discutido con tu amante, espolvorea esta hierba alrededor de la cama y muy pronto haréis las paces.

Invocaciones de compromiso, matrimonio, maternidad y lealtad a la tierra

1. Bendición de los amantes

Si te ha favorecido la diosa del amor, ahora gozas de una relación excelente, y sabes que estás unida a tu amante por un amor especial. Reunid a vuestros amigos para celebrar públicamente vuestra relación. No hace falta una ceremonia legal para que estéis unidos a los ojos de la Madre Naturaleza.

Esta ceremonia se debe llevar a cabo en abril, cuando haya luna llena. Invita a tus familiares y amigos con tiempo para evitar las prisas de última hora. Como es natural, querrás que estén presentes todas las personas importantes de tu vida.

Consigue un poco de mirto, el símbolo de los amantes, en una floristería o en un parque. Prepara una mesa espléndida, con flores y un buen vino (o zumo), y sirve la comida; lo más apropiado es el marisco. Cuando llegue el momento oportuno, pide a tu madrina que atraiga la atención de los comensales diciendo algo así:

Queridos amigos: Nos hemos reunido para celebrar una relación muy especial entre (nombre) y (nombre). Tengo el honor de invitar a nuestra mesa a la diosa del amor y de ofrecerle el vino de nuestras copas y el pan y el marisco de nuestros platos, y le pido que bendiga a (nombre) y (nombre) para que sigan disfrutando de la felicidad y la buena suerte.

Tengo entendido que en esta ceremonia es tradicional presentar una rama de mirto, que representa el árbol de la vida y las bendiciones del amor. Entregaos este mirto el uno al otro y recibid nuestra bendición.

Después la pareja deberá pronunciar unas palabras, que tienen que ser improvisadas para que salgan directamente del corazón. No te dirijas a tus amigos y familiares; céntrate sólo en tu amado. Luego intercambiaos los anillos u otro objeto para recordar esta noche especial. No os olvidéis de las fotografías. Por último, encended una vela rosa que simbolice el equilibrio y la felicidad.

2. *Para casarse*

Este ritual lo siguen llevando a cabo en las zonas rurales de Hungría las madres que tienen hijas casaderas. Pero también lo puede hacer una mujer sola en privado.

En la versión tradicional se organiza una gran cena, y se pone en la mesa un plato de más, reservado para el futuro marido, junto a la muchacha protagonista.

Si quieres conseguir un marido, prepara una comida con la que puedas atraer al tipo de hombre que te guste. Pon la mesa con tu mejor mantel y la mejor vajilla, como si estuvieras planificando una cena romántica para dos. Compra también una botella de champán. Cuando la cena esté lista, sírvela en tu plato y en el del amante invisible. Enciende una vela y apaga las luces para que su lado quede en penumbra. Brinda con él por todos los deseos que tienes para el futuro. Mientras comas, mira a las sombras para ver la imagen de tu amante. Cuando hayas acabado deja la vela encendida y el plato de comida hasta la mañana siguiente. Continuarán enviando tu mensaje a la persona indicada.

3. *Bendiciones para niños y mascotas*

Una o dos veces al año, bendice a tus hijos bajo la luna llena. Explícales que antiguamente nuestros antepasados hacían figuritas de arcilla con forma de pájaros, osos, lobos, búhos y diosas. Esta actividad se denominaba *Skira*, el festival de las imágenes.

Consigue unos sacos de arcilla para que tus hijos hagan con ella figuras de seres vivos. Mientras trabajes el material, piensa en historias de todo el mundo que cuenten cómo crearon los dioses la vida en la tierra moldeando los cuerpos con arcilla.

(Si no tienes hijos, reúne a un grupo de amigos y, entre todos, liberad al niño que lleváis dentro.)

A estas imágenes puedes asignarles nombres mágicos, por ejemplo Hombre Búho, Mujer Pájaro, Miembro de la Tribu del Árbol o Miembro de la Tribu de la Paloma. Al dar forma a cada imagen atribúyele un significado especial. Después de elegir el nombre, enciende una vela y di a los niños que se pongan a su alrededor. Luego, uno a uno, deberán decir: «Te bautizo con el nombre de (nombre elegido) y te ofrezco a la Madre Luna».

A continuación el niño se inclinará para que tú le eches unas gotas de agua bendita en la que habrás sumergido una rama verde.

Después debes decirle: «Que seas bien amado y protegido, (nombre elegido). Que crezcas feliz, sano y juicioso».

Si el niño tiene un deseo ferviente, puedes incluirlo en la bendición. (Mi hijo solía aprovechar esta oportunidad para pedir una bici.) Para terminar, elevará la figura de arcilla hacia la luna y dará tres vueltas en el sentido de las agujas del reloj diciendo tres veces: «Acepto esta bendición».

En cuanto a los animales, puedes sostener la vela sobre su cabeza e imaginar que la Madre Luna les bendice. Después di: «Bendito seas, amigo y compañero, con una larga y feliz vida». Los animales te oirán. Quizá no entiendan las palabras, pero comprenden los sentimientos que hay en ellas, y eso es más que suficiente.

4. *Celebración del espíritu de la tierra*

Si te sientes perdida y necesitas centrarte, este ritual te ayudará a ver las cosas bajo otra perspectiva. Se denomina «Juramento de lealtad a la familia de la tierra».

Después de tomar el baño purificador, cubre tu altar con un mantel blanco; pon un poco de sal en un plato pequeño; quema tu incienso preferido; coloca una imagen de una diosa en el centro de la mesa y consigue dos velas blancas. Pon también unas flores blancas en el altar. Enciende las velas y di:

Bendita seas, criatura de fuego. ¡Ilumíname!

Luego enciende el incienso mientras dices:

Bendito seas, mensajero del aire. Lleva esta oración a la diosa.

Después coge las flores, extiende ambas manos y di:

Juro lealtad a la tierra verde, y a la flora, fauna y vida humana que sustenta; un planeta indivisible, con aire puro, agua, tierra, justicia económica, igualdad de derechos y paz para todos.

Reproducido con autorización

Pon las flores frente a la imagen de la diosa. Mientras contemplas las llamas, déjate embargar por la maravillosa sensación de estar conectada a la vida que te rodea. Repite el juramento varias veces, hasta que tu alma esté llena de alegría y valor.

Confidencias íntimas

Esta noche, dile a tu amante al oído que quieres ser el centro de atención. Nada de lectura, televisión o radio. No tenéis ninguna prisa. Lo mejor que podéis hacer ambos es estar en los brazos del otro.

Noche del sábado: lugares

Las relaciones sexuales pueden vincularte espiritualmente con tu amado. Tu dormitorio es el templo sagrado donde te entregas a tu amante o gozas de tus propios placeres. La diosa te ha dado labios para lamer y besar, ojos para recorrer el cuerpo de tu amante, manos para explorar, y una piel que disfruta con las cosquillas y las caricias. Si eres sincera con tu amante y te centras en el contacto sexual, la diosa estará muy satisfecha y ambos alcanzaréis el éxtasis.

Cuando te reúnas con tu amante, abrazaos el uno al otro. Unid vuestros cuerpos para que se toquen los corazones y respirad pausadamente de forma sincronizada. Este tipo de respiración os ayudará a relajaros. Respirad juntos de este modo trece veces y volved a respirar normalmente. Después respirad juntos de nuevo siete veces más. De esta manera crearéis el ambiente emocional adecuado para que crezca el deseo en vuestros corazones.

Si respiráis juntos de este modo, aunque sólo sea unos segundos, desaparecerán todo tipo de miedos y barreras. Es la forma más rápida de llegar al otro y de reducir el mundo a dos.

La mayor parte de las prácticas amorosas que he recomendado se centran en el dormitorio. Pero es posible que os guste la aventura y hayáis probado ya en otras estancias de la casa. El dormitorio es acogedor y cómodo, y hacer el amor en una cama resulta agradable, pero a tu Mujer Salvaje le gusta retozar en otros lugares de vez en cuando. Da igual que vivas en una casa con muchas habitaciones o en un apartamento pequeño: ella encuentra el placer donde quiera que estés. No tengas prejuicios y haz el amor en todas las habitaciones. Una amiga mía me dijo una vez que no le parecía que su casa estuviera bendecida hasta que hacía el amor con su marido en todas las habitaciones.

Cada habitación te inspirará ideas diferentes para hacer el amor. No voy a decirte cómo tienes que hacerlo. Utiliza tu imaginación. Los muebles, por ejemplo, te permitirán adoptar posturas muy interesantes. A tu Mujer Salvaje se le ocurrirá algo en cada estancia. Si hacéis el amor en el cuarto de baño, lo verás de otro modo a la mañana siguiente.

Si tu amante no tiene un espíritu aventurero, tendrás que usar algún truco para llevarle al lugar elegido. Por ejemplo, puedes decirle: «Cariño, ¿vie-

nes a la cocina para ayudarme con los platos?» y recibirle sólo con un delantal. Planifica bien este encuentro sexual. Después de atraerle hacia ti, complácele poniéndole miel en los labios y besándole. En la cocina hay muchas cosas deliciosas que puedes utilizar para incrementar el placer.

Sexo en solitario

Cuando estés sola en casa no tienes por qué aburrirte. Puedes leer las cartas del tarot, por ejemplo, y meditar sobre cuestiones como la vida y la muerte y los goces que hay entre ellas. Después de reflexionar durante un rato, descubrirás que tu deseo sexual es mucho más intenso. Un día formé un círculo con velas en una alfombra suave y puse un fular de seda en el centro para sentarme. Lo preparé todo como si fuese un altar, pero esta vez estaba yo desnuda en él. No te imaginas cuántos tabúes tuve que superar para sentirme bien con mi cuerpo. Dediqué este ritual a Kali Ma, la fuerza de la vida, de modo que puse algo para cada uno de los cinco sentidos con el fin de invocarla: dátiles para comer, aceite de sándalo para el cuerpo, cascabeles para hacerlos sonar, bailes para acompañar la oración. Disfruté mucho ofreciendo este ritual a la fuerza de la vida.

Cuando te feminices sé atrevida. Sobre todo te recomiendo que hagas el amor con tu pareja por toda la casa; hay otras habitaciones que merece la pena explorar. ¿Que estás sola? Entonces piensa cómo puedes hacer el amor contigo misma. Imagina esta situación: Has terminado de cenar y sientes que aparece tu Mujer Salvaje. Te indica que vayas a la cocina, señala el congelador y tú le abres la puerta. Luego te da un cubito de hielo. Esta noche hace calor, y chupas el hielo durante un rato. Te refresca un poco, pero no lo suficiente. Entonces te pasas el hielo por el cuello, y tu Mujer Salvaje te hace un guiño. Notas una sensación húmeda y sensual.

Has comprendido la idea; sigue desarrollándola.

Domingo por la noche
Flujo amoroso

La energía de la noche del domingo

Supongo que has pasado el día fuera de casa y que ahora estás a punto de recogerte. El objetivo de los domingos es cargar las pilas y prepararse para la semana siguiente. Hoy debes limpiar tu espíritu. Cuando pongas en orden las cuestiones pendientes no te olvides de las más inmediatas. Ocúpate hoy de estos asuntos. Puede ser algo tan simple como preparar una cena con la comida que podría estropearse o algo más importante que tengas intención de hacer, por ejemplo un cursillo o una búsqueda espiritual. Da un nuevo sentido a tu vida aprovechando los domingos de un modo eficaz. Saca el máximo partido a lo que hagas hoy por el bien de tu cuerpo, tu mente y tu espíritu.

Si los domingos te deprimen porque tienes que ir a trabajar al día siguiente, éste es un buen momento para considerar si tienes el trabajo adecuado. La gente no debería pasarse la vida dedicándose a cosas que le hacen sentirse mal. ¿Qué tipo de actividad quisieras realizar el lunes? Escribe en un papel las metas laborales que te gustaría alcanzar en los próximos meses. Sé sincera y realista. Escucha a tu corazón.

Significado de la noche del domingo

El domingo toma su nombre del sol. Este astro gobierna el mundo exterior y la conciencia luminosa. Es una bola de energía que proyecta su fuego creativo hacia el exterior. También nosotras debemos utilizar el domingo de una forma creativa.

No se puede ocultar nada bajo la luz del sol. Hoy eres el centro de atención. Ni siquiera por la noche, a la luz de la luna, puedes ocultarte. Si te sientes mal por algo, no lo evites. Debes afrontarlo precisamente hoy. ¿De qué te escondes?

La luna se suele considerar una deidad femenina, mientras que el sol se relaciona con la autoridad y el poder masculino. Sin embargo, esto no es siempre así. Recuerda que en la mitología, y sobre todo en la del norte de Europa, el símbolo del sol es una diosa, apasionada y llena de energía, que bendice a la tierra con sus rayos.

La diosa de la noche del domingo: Artemisa

Artemisa, hija de Leto y Zeus, es la diosa de la naturaleza, de la caza, de los prados y de los bosques. ¿Y qué aspecto femenino es más natural que la sexualidad? En la naturaleza eres libre y puedes relacionarte con los animales.

Artemisa es también la diosa de los animales salvajes, y dice que hacer el amor en la cueva de un oso trae suerte. Pero no te aconsejo que lo hagas. No te arriesgues demasiado, aunque la diosa te proteja: podrían pensar que estás loca.

Artemisa es también la diosa de la nueva vida, tanto humana como animal. Se suele representar como una madre protectora, expresando su esencia femenina, amamantando a un cervatillo o sosteniendo un bebé. Si tienes hijos, invoca a Artemisa cuando no sepas qué hacer para que sean felices. Te permitirá acercarte a ellos.

Ambiente de la noche del domingo

La luz de las velas y el incienso pueden alterar la atmósfera de cualquier habitación. Ambos estimulan la mente y el cuerpo, y se pueden usar como una fuente de poder. Elige una vela diferente cada domingo. Esta lista te servirá de ayuda.

atracción	amarillo, naranja
concentración	púrpura y blanco
separación	negro y gris
felicidad	azul y naranja
bendiciones	blanco
amistad	azul
influencia	marrón y rosa
amor	rosa y rojo

prosperidad	rojo o verde
paz	blanco
protección	negro con rojo en el centro

Antes de usar la vela debes untarla con aceite y bendecirla. La siguiente lista te ayudará a elegir el aceite adecuado.

bergamota	protección y dinero
canela	atracción, buena suerte y salud
almizcle	excitación sexual (hechizos amorosos)
pachulí	purificación, concentración
romero	protección (para hacer las paces)

Hay muchos más aceites para una gran variedad de aplicaciones. Prueba diferentes tipos y averigua su significado.

El incienso es muy importante, porque representa el aire que respiramos. El aroma del incienso crea en el ambiente diferentes sentimientos y emociones. Al quemarlo, limpias el aire y proporcionas una fragancia purificadora a tu espíritu. Encontrarás incienso en tiendas de ocultismo y productos naturales.

Experimenta con el incienso en tu dormitorio. No quemes demasiado para evitar que a tu amante le desagrade. El aroma no debe ser agobiante, porque estaría reñido con el ambiente que intentas crear. Deja que circule suavemente por la habitación y te haga cosquillas en la nariz y en el resto de los sentidos.

Flores de Bach para la noche del domingo: roble

¿Eres una persona inquieta? ¿Tienes tanta energía que no sabes qué hacer con ella? Espero que hoy no pienses en tus obligaciones y aproveches el día para ir al campo. Sal de excursión para ver cómo juegan los animales en su entorno natural. Si necesitas un poco más de vigor —puede que la excursión sea larga— deberías tomar tres gotas de roble tres veces al día. Además de darte fuerza para recorrer nuevos senderos, el roble te ayudará a detenerte y oler las rosas. Te sentirás llena de vida y descubrirás nuevos placeres.

Baño para la noche del domingo:
naranja o neroli

Después de un largo día bajo el sol, mientras sigues pensando en lo que puedes hacer para que tu vida sea más agradable, toma un baño con aceite de naranja para ver si se te ocurre alguna idea. Sentarse en un agua de color naranja es como tomar un baño de sol líquido, pero en este caso no tienes que preocuparte por las quemaduras. Este baño estimula la fuerza vital, la salud y el vigor. El aceite esencial de la naranja es dulce, radiante y sensual, y te ayudará a sentirte como nueva.

Si estás desanimada porque tienes que ir mañana a trabajar, este baño hará que inicies la semana con alegría y te ayudará a ver el lado positivo de las cosas. Y tiene un delicioso aroma.

El aceite de naranja es además excelente para la piel seca y favorece la circulación.

También puedes probar aceite de neroli, que se elabora con flores de naranjo de Sevilla. Este aceite es muy caro —para hacer un litro se utilizan unos quinientos kilos de flores— y debes tener cuidado para no derramarlo. El neroli se puede mezclar con lavanda, limón y jazmín. Si lo usas en el baño, te ayudará a relajarte, te dará fortaleza mental y espiritual y aliviará los miedos y ansiedades que tengas. Si te sientes desesperada, toma un baño de neroli.

Sueños visionarios

Muchos pueblos cuentan aún con espacios sagrados en los que la gente puede cultivar su mundo espiritual, lugares en los que el alma mortal se une con la divina. Los indios americanos recurren a los sueños para buscar su auténtica identidad, para tener visiones, para encontrarse a sí mismos.

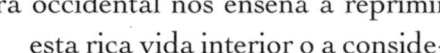

Pero la moderna cultura occidental nos enseña a reprimir esta rica vida interior o a considerar las visiones como deseos irrealizables.

Sin embargo, antes de que la civilización actual llegara al campo, los sueños eran tan importantes como en las culturas indígenas que aún perviven. En mi país, Hungría, se celebran vigilias nocturnas en los manzanales. Las mujeres llevan comida, vino y mantas, se reúnen y sueñan bajo los árboles. En estos sueños suelen ver a la diosa, llamada *Kis Boldo-gasszony* (mujercita feliz), que les dispensa ayuda física, mental y espiritual. En Estados Unidos los «bosques sagrados» se encuentran en los parques nacionales, en cimas de montañas o en fincas privadas; en cualquier lugar donde el tráfico no perturbe a la naturaleza.

Aunque puedes acudir a estos lugares para captar sueños sagrados, también tu hogar es sagrado, sobre todo si tienes un altar en honor a la diosa con flores o plantas naturales y has rezado para purificar el espacio. Túmbate en la cama tras poner sábanas limpias, elige un pañuelo sagrado (el color tradicional es el azul oscuro) y enróllatelo (sin nudos) alrededor del cuello y de la mano izquierda. Este pañuelo especial enviará una señal a tu cerebro para que sepa que los sueños están ahora protegidos por un ritual. De este modo te resultará más fácil recordarlos. Deja a mano el diario de tus sueños sagrados, porque no podrás retenerlos en la memoria mucho tiempo cuando te despiertes. Luego respira hondo y no pienses más en ello. Bendícete con tu último pensamiento y acepta lo que venga.

Por la mañana, escribe algo en cuanto te levantes, aunque no puedas recordar lo que has soñado. Después de hacerlo varias veces, el sueño incubado se revelará con toda claridad. Incluso los antiguos tenían que permanecer en los bosques sagrados alrededor de una semana antes de obtener resultados. Durante el día, deja tu pañuelo sagrado en el altar.

Invocaciones de deseo, bendición y descanso

1. *Para conseguir un propósito*

Escribe en una hoja de papel lo que deseas. Tiene que ser algo muy importante, porque es el deseo lo que crea la energía para que se manifieste. Pero debes estar segura de lo que quieres y por qué. Aunque no comprendas lo que necesitas, obtendrás exactamente lo que has pedido, te guste o no.

Plantea la petición de forma breve: «Quiero que mi amante me pida en matrimonio» o «Quiero un nuevo amante». Asegúrate de que tu deseo es auténtico. Algunas de vosotras podríais escribir: «Quiero claridad mental» o «Quiero paz interior».

Antiguamente las prácticas de hechicería estaban integradas en la cultura popular, y por eso muchos conjuros tradicionales tienen un carácter práctico. Pero también se pueden utilizar estas técnicas para potenciar el desarrollo espiritual.

Pon siete hojas de fresno sagrado en el papel y dóblalo hacia ti. Cada vez que lo dobles di:

> *Por el este, se elevan los vientos de la buena suerte,*
> *por el sur, se elevan mis canciones,*
> *por el oeste, se elevan mis deseos,*
> *por el norte, se harán realidad mis sueños.*

Sigue doblando el papel hasta formar una pequeña bola. Ata el papel con lazos rojos y ponlo debajo de la almohada. Si tienes más hojas de fresno, quema unas cuantas cada noche antes de acostarte. Duerme sobre el papel durante siete noches consecutivas y después échalo en un caudal de agua corriente. Date la vuelta y no mires atrás. Antes de que cambie la luna tus deseos comenzarán a materializarse.

2. *Para bendecir tu dormitorio*

Tu dormitorio no está como quisieras, y esperas que la diosa te ayude a mantener las cosas en orden. Consigue un poco de angélica y echa unas cuantas hojas en las esquinas de tu habitación mientras pides en voz baja lo que deseas: buenos sueños, armonía, buenos amantes. Rezar a la Gran Madre es como hablar con tu propia madre; no hace falta ninguna formalidad.

Quema un poco de incienso y da tres vueltas por la habitación en el sentido de las agujas del reloj. Reza con total libertad: «Madre, rectifico mis malos hábitos; rectifico mi ignorancia; rectifico (cualquier cosa que debas cambiar); lo rectifico para mejorarlo». Luego da tres vueltas por la habitación diciendo: «Invoco a los ángeles de la buena salud, de los buenos sentimientos, de la sabiduría y el amor». Abre las ventanas y deja que el aire fresco lleve tus bendiciones a la gran diosa.

3. *Para dormir bien*

A no ser que necesites descansar, no hay ninguna razón para estar en el dormitorio. Si pasas mucho tiempo en la cama leyendo o viendo la televisión, te resultará más difícil dormir o mostrarte apasionada. Muchas de nosotras acabamos tan alteradas psicológicamente que ni siquiera los somníferos nos hacen efecto. Si tienes este problema, debes aprender a relajarte. Visualiza la imagen de un bonito cementerio en el que reina la calma, en el que todo el mundo ha abandonado sus preocupaciones, ha expresado su última voluntad, ha hecho las paces consigo mismo. Al recordar que lo que hacemos entre la vida y la muerte apenas tiene importancia a largo plazo, podemos liberarnos de las tensiones diarias. Todos queremos dejar una huella en el mundo, pero ¿qué significa esto realmente? ¿Dejaremos un modelo de pensamiento del que se beneficiarán otros? ¿Dejaremos tradiciones que enriquecerán la vida de los demás? Al fin y al cabo, todo el mundo deja una huella en el mundo por el simple hecho de existir. Tu energía, como la del resto de los seres vivos, forma parte del Todo, y tiene una gran importancia.

Las hechiceras dicen que para dormir bien hay que usar una hierba llamada eufrasia. Prepara con ella una infusión —mientras rezas una oración— y tómala antes de ir a la cama. Esta hierba estimula además los sueños y las visiones que tienen poderes curativos. También ayudan a dormir el lúpulo, la coronilla y la manzanilla.

Confidencias íntimas

Habla a tu amante al oído mientras estéis abrazados bajo un árbol, en un prado o junto a un río. En las confidencias del domingo debes expresar también cómo te sientes al formar parte de la naturaleza. Describe a tu amante una escena natural que te haya impresionado especialmente: un paisaje pintoresco o un animal salvaje. También podéis recordar alguna ocasión en la que hayáis hecho el amor en plena naturaleza.

Noche del domingo: amor a la luz del día

Hemos hablado de muchas formas de hacer el amor, pero siempre suponiendo que ocurre por la noche, después de retirarte a tu habitación. El domingo por la mañana tienes una oportunidad de cambiar todo esto. El sábado has podido descansar de la semana anterior, y hasta el lunes no tienes que volver al trabajo. El domingo por la mañana puedes dormir todo lo que quieras. Despierta a tu amante explorando despacio su cuerpo; pasa del sueño a estar medio dormida para acabar haciendo el amor.

El domingo por la mañana es la única ocasión en toda la semana en la que puedes hacer el amor completamente relajada, aportando tal vez imágenes de tus sueños, sin estrés ni ansiedad. Hoy todo el mundo está durmiendo. Es la única mañana en la que no es probable que suene el teléfono. Aprovecha esta oportunidad para hacer el amor a la luz del día.

Algunas de vosotras quizá paséis vergüenza; casi nadie cree que tiene un cuerpo perfecto. La luz de las velas es favorecedora, y la oscuridad oculta multitud de defectos. Pero a la luz del día todo se ve. Hacer el amor de día es una prueba definitiva para cualquier pareja. En la Biblia, hacer el amor es «conocer» a alguien; esta expresión resulta muy apropiada, porque al ver lo que estás haciendo con claridad puedes conocer y dejar que te conozcan tal como eres. Las relaciones sexuales diurnas te ayudarán a eliminar las barreras para que tu amante y tú estéis realmente unidos.

No intentes taparte los muslos ni la tripa con la sábana. Mira sin miedo el cuerpo de tu amante y deja que él te mire. Recuerda que esas manos y ese cuerpo han hecho que te sientas maravillosa. A estas alturas deberías saber que también tú puedes hacer que él se sienta bien. Aunque creas que tu cuerpo no es perfecto, podrás conseguirlo. Cuando estás enamorada, incluso los defectos de tu pareja son atractivos y sensuales; disfruta examinándolos. Y no evites a tu amado cuando te venere.

El domingo deberías pasar el día al sol, haciendo el amor en tu dormitorio con luz natural o en el campo. Puedes hacer el amor en el jardín, en una playa desierta o en un bosque; en cualquier lugar donde ambos os sintáis seguros y a salvo de miradas. La naturaleza proporciona una cama formidable, aunque no siempre cómoda. (En ocasiones las ramas y la arena resultan molestas.) Lleva una manta suave y prepara un nido de amor para ti y tu pareja. Si no hay nadie que pueda molestaros, quítate la ropa. ¿Te gusta sentir el sol en tu cuerpo desnudo? (¡No olvides ponerte crema protectora!) ¿Es para ti una nueva experiencia? ¿No te parece maravilloso sentir la tierra debajo de ti? De ese modo estarás en contacto con la tierra y con tu amante como nunca.

Sexo en solitario

Tanto si estás sola como acompañada, te recomiendo que vayas a un bosque y construyas un nido de amor. Si te apetece caminar, sube a la cima de una montaña. También puedes dar un paseo por un parque y contemplar lo que te rodea. Toca los árboles y habla con los pájaros. Sigue andando hasta que encuentres un prado tranquilo o un claro junto a un río. Lo más importante es que te sientas a gusto sola. No hace falta que te quites la ropa para feminizarte, pero si no hay ningún peligro y quieres sentir el sol sobre tu piel puedes hacerlo. Siéntate y ponte en contacto con la naturaleza: mete los pies en el agua; acaricia la hierba con los dedos; huele las flores silvestres. Relájate y respira hondo. Si te excitas hazte el amor. Escucha los latidos de tu corazón, el zumbido de las abejas, el viento que sopla entre los árboles, el agua que fluye río abajo. Formas parte de este mundo natural.

Relato nocturno: *La madre del sol*

Hace mucho tiempo, en un país lejano, vivía un comerciante con su mujer. No tenían hijos. Un día se le acabaron las mercancías, así que llamó a su mujer y le dijo:

—Querida, voy a la ciudad a comprar provisiones.

Se puso en camino y avanzó hasta que se quedó sin fuerzas. Para entonces el sol se estaba poniendo, y tuvo que buscar refugio. Llamó a la puerta de una casa humilde pero de aspecto limpio, y preguntó al hombre que le abrió si podía pasar allí la noche.

El hombre dijo:

—Puedes quedarte aquí, pero hay un problema. Mi mujer acaba de dar a luz a nuestro séptimo hijo, y el bebé no está de buen humor. No para de llorar.

El mercader dijo que no le importaba; no le molestaba el ruido de los niños. Y pasó allí la noche.

A la mañana siguiente dio las gracias al hombre por su hospitalidad y prosiguió su camino. Llegó a la ciudad al mediodía, y compró ropas, comida y el resto de las cosas que necesitaba. Al volver se detuvo de nuevo en la casa donde le habían acogido la noche anterior. Cuando preguntó por el bebé que acababa de nacer, le dijeron que era ya una hermosa niña. Se quedó muy sorprendido, pero pensó que si crecía tan aprisa podría resultar útil. De modo que preguntó al hombre cuánto quería por ella.

—No necesito dinero —respondió el padre—. Puedes llevártela si quieres. Como puedes ver, tengo muchos hijos, y me basta con que tengan ropa y comida.

Tras llegar a un acuerdo, el mercader partió hacia su casa con la niña. Su mujer la aceptó con ilusión e intentó ser una buena madre para ella, pero en una semana la niña se había convertido en una jovencita y el mercader la puso a trabajar en la tienda. Tenía talento para los negocios, y enseguida se hizo famosa por su buen sentido.

El mercader estaba cada vez más celoso, y un día le dijo a su mujer:

—Mira a nuestra hija adoptiva. Se le dan los negocios mejor que a mí, y muy pronto será más lista que yo. La enviaré a un lugar del que no pueda regresar.

Llamó a la muchacha y le dijo:

—Escúchame, hija. Tengo que pedirte algo.

—Muy bien —respondió ella—. Sabes que haría cualquier cosa por ti.

—Verás —prosiguió él—, tengo una rara enfermedad, y para que me cure debes ir al sol. Arranca dos plumas de ganso de su capa emplumada y tráemelas. Sólo esas plumas pueden salvarme la vida.

—Mi querido padre, no tenía ni idea de que estuvieras enfermo. No te preocupes. Aunque me cueste la vida, te traeré esas plumas de ganso del sol.

La muchacha se despidió de sus padres y salió a probar suerte. Después

157

de andar muchas horas llegó a un gran lago. Era tan grande que parecía no acabar nunca. Caminó por la orilla para ver qué había y se encontró con un soldado.

—¿Qué haces aquí, soldado? —le preguntó.

—Desde que el mundo existe, he estado aquí —respondió el soldado—. ¿Y tú? ¿Dónde vas?

—Voy a ver al sol para pedirle unas plumas de ganso.

—Si vas a ver al sol, pregúntale cuándo puedo dejar mi puesto —dijo el soldado.

La muchacha se comprometió a hacerlo y prosiguió su camino. Después de andar muchas horas, llegó a un castillo donde había tres princesas que guardaban luto. Las tres iban vestidas de negro y lloraban sin cesar.

—¡Hola, princesas! —dijo la muchacha.

—Buenos días, jovencita. ¿Qué haces aquí, donde no viene nadie desde hace veinte años?

—Voy a ver al sol —respondió.

—Si eres tan amable, ¿podrías preguntarle por qué guardamos luto?

Prometió hacerlo y prosiguió su camino. Después de andar durante horas, llegó a un prado en el que había un hermoso ciervo blanco con unos magníficos cuernos que apuntaban hacia el cielo, tan relucientes que podrían ser de oro pulido.

La muchacha se detuvo maravillada.

—Nunca había visto un animal como tú. ¿Qué haces en medio de este prado? —preguntó.

—Estoy aquí para los que quieren ver al sol. Les ayudo a subir hasta él con mis cuernos.

—Entonces puedes ayudarme —dijo la muchacha—, porque allí es donde debo ir.

—Eres la primera que me lo pide en mucho tiempo. Cuando veas al sol, por favor, pregúntale por qué tengo que estar precisamente en este prado.

—Lo haré —respondió ella.

Luego trepó a los cuernos del ciervo y siguió subiendo hasta que llegó a una casa dorada. Llamó a la puerta. Dentro había una anciana con el pelo de color paja. Era tan largo y espeso que tuvo que arrastrarlo para cruzar la habitación.

—Buenas tardes, buena señora —dijo la muchacha.

—Buenas tardes, querida. Pero dime, ¿qué estas haciendo aquí arriba, donde ni siquiera los pájaros vuelan?

—Tengo un gran problema. Debo ver al sol.

—Has venido al lugar adecuado, porque el sol vive aquí. Pero no ha llegado todavía.

—¿Y tú quién eres?

—Soy la madre del sol —respondió la anciana.

—Estupendo. ¿Puedo sentarme mientras le espero?

—Claro. Pero a los humanos les resulta difícil hablar con él. ¿Por qué no me dices lo que quieres para que pueda preguntárselo de forma que lo entienda?

—Muy bien —dijo la muchacha—. En primer lugar, hay un soldado que ha estado haciendo guardia junto a un lago desde el principio de los tiempos. Quiere saber cuándo puede marcharse. En segundo lugar, hay tres princesas en un castillo que quieren saber por qué guardan luto. Y por último hay un ciervo de cuernos dorados en medio de un prado. Quiere saber por qué tiene que estar allí.

—Se lo preguntaré —dijo la anciana—. ¿Alguna cosa más?

—Sí. Yo he venido a pedirle al sol dos plumas de ganso para curar a mi padre.

—Se lo diré también. Pero ahora debes comer algo y descansar. Yo me ocuparé de todo.

La anciana estaba casi dormida cuando oyó llegar al sol, con las plumas doradas de su capa tintineando como cascabeles.

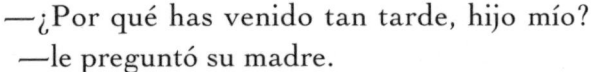

—¿Por qué has venido tan tarde, hijo mío? —le preguntó su madre.

—Me he retrasado porque había una mujer en medio de un bosque nevado que me pidió que brillara un poco más para encontrar el camino de vuelta a casa.

—Has hecho bien —afirmó su madre—. Hay que ayudar a la gente.

El sol se lavó las manos y se sentó a cenar. Al cabo de un rato, la anciana le preguntó:

—Hijo, ¿sabes algo de un soldado que ha estado haciendo guardia en un lago desde tiempo inmemorial? ¿Podrá irse alguna vez?

—Sí, le conozco. El problema es que es un estúpido. Durante muchos años ha tenido en sus manos una brida mágica. Si golpeara a alguien con ella, podría marcharse, y el otro tendría que relevarle.

La anciana lo anotó en un papel. Un poco más tarde dijo:

—He oído que hay tres princesas en un castillo. ¿Por qué están tan tristes?

—¡Ah, sí! —exclamó el sol—. Esas princesas sacan la basura por la mañana y me la tiran a la cara. No lo soporto, y por eso las maldigo. Si echaran la basura por el lado oeste del castillo, les libraría de mi maldición y estarían alegres.

La anciana madre lo anotó también.

—Y el ciervo blanco de cuernos dorados ¿por qué está en ese prado?

—Es su castigo. La mujer de un molinero ciego le dio un día de comer, pero el ciervo entró en la casa y se lo comió todo. Nunca será perdonado.

Por la mañana, antes de que su hijo se despertara, la anciana arrancó dos plumas de su capa y las escondió en un lugar seguro. Cuando el sol se levantó y se marchó, la joven fue a ver a la anciana madre.

—¿Ha ido todo bien, buena mujer?

—Por supuesto —respondió ella. Luego le contó lo que sabía y le dio las dos plumas del sol.

—Muchísimas gracias. Ahora puedo volver a casa y salvar la vida de mi padre.

Descendió por los cuernos del ciervo dorado, y cuando puso los pies en el suelo éste le preguntó si había averiguado algo.

—Espera a que coja aire y te lo diré. —Se alejó un poco de él y luego dijo a gritos—: No te moverás de este prado mientras vivas, porque te comiste la comida del molinero ciego. Ése es tu castigo.

El ciervo respondió furioso:

—¡Si lo hubiera sabido te habría pateado hasta matarte!

Después la joven volvió al castillo de las princesas, que también querían saber si tenía alguna noticia.

—Debéis tirar la basura por el oeste —dijo—. No se la arrojéis a la cara al sol.

Las tres princesas trasladaron la basura al oeste y dejaron de llorar inmediatamente. Antes de que la joven se fuera, le dieron una gran bolsa llena de monedas de oro. Y en ese momento comenzaron a llegar al castillo visitantes y pretendientes. Las tres se casaron con apuestos príncipes.

Luego la muchacha regresó donde el soldado, que estaba impaciente por escuchar lo que tuviera que decir.

—Espera un momento —dijo ella mientras se retiraba para que no le diese. Luego gritó—: Si golpeas a alguien con la brida que tienes en la mano, podrás marcharte.

El soldado le lanzó a ella la brida, pero no pudo alcanzarla.

Finalmente llegó a casa. Cuando su padre vio el oro y las plumas de ganso, tuvo más celos que nunca.

—¿De dónde has sacado ese oro? —preguntó—. ¿Lo has robado?

—Claro que no —dijo ella.

Y le habló de la generosidad de las princesas que vivían de camino hacia el país del sol. El mercader decidió hacer el mismo viaje para conseguir parte de aquel oro. Al llegar donde estaba el soldado, se acercó a él y le preguntó:

—¿Qué estás haciendo aquí, de pie junto al agua?

En ese momento, el soldado le golpeó con la brida y quedó por fin libre. Ahora es el mercader quien debe hacer guardia en el lago por toda la eternidad.

La joven se construyó un magnífico castillo con el oro, y poco después encontró un buen esposo para compartir con él su vida.

No le resultó difícil.

Lo sé porque estuve en la boda, bailé con los novios y me quedé hasta que se les terminó la cerveza.

Basado en un cuento húngaro de Raduly Janos,
A naphoz jaro ugyes fiu, recopilado por Villam Patko

Acerca de la autora

Nací en Budapest el 30 de enero de 1940. Mi madre, Masika, era una famosa escultora que creaba estatuas de la diosa. También era vidente, medium, folclorista y narradora de cuentos.

Crecí en una sola habitación, que compartía con mi familia: mi padre, que era médico, mi madre y mi hermano, que nació cuando yo tenía trece años. Era lo habitual en plena posguerra europea; la ciudad estaba destruida, y no había lujos de ningún tipo.

Después de la revolución húngara de 1956, las cosas empeoraron aún más, y tuve que huir hacia el oeste, donde comprobé que la mayoría de la gente no vivía en sus habitaciones. Esta revolución dejó en mí una profunda huella: fue la primera vez que vi al pueblo derrocar a los tiranos. Adopté el nombre de mi amada ciudad natal (ahora reconstruida y casi maravillosa) para no olvidar quién soy esté donde esté.

Estudié en Innsbruck, terminé el bachillerato con una segunda lengua y fui aceptada como alumna extranjera en la Universidad de Chicago. Me casé y tuve a mis dos hijos, Làszló y Gàbor, que ahora son buenos amigos.

En Chicago estudié con Viola Spolin, pionera de la improvisación con su taller escénico Second City. Luego proseguí mis estudios en la American Academy of Dramatic Arts de Nueva York.

Mi segunda encarnación coincidió con el inicio del Movimiento de Liberación de la Mujer. En 1970 comencé a investigar este tema, lo cual me llevó a escribir y a dar conferencias y talleres en los que relacionaba los conceptos del feminismo con la hechicería. Así surgió el actual movimiento de espiritualidad de la mujer.

Siempre trabajo a escala mundial. Mi último proyecto es el Festival Internacional de la Diosa, que celebra la espiritualidad de la mujer, la música y la cultura.

Escríbeme a la siguiente dirección:

The Women's Spirituality Forum
P.O. Box 11363
Oakland, CA 94611